Trading mit Candlestick Formationen

mehr Erfolg mit japanischen Kerzencharts

Lars Burmeister

Bibliografische Information der Deutschen Nationalbibliothek: Die Deutsche Nationalbibliothek verzeichnet diese Publikation in der Deutschen Nationalbibliografie; detaillierte bibliografische Daten sind im Internet über dnb.dnb.de abrufbar.

Verlag: BoD · Books on Demand GmbH, Überseering 33, 22297 Hamburg, bod@bod.de

Druck: Libri Plureos GmbH, Friedensallee 273, 22763 Hamburg

ISBN: 978-3-7693-1749-7

Inhaltsverzeichnis

Vorwort...9

Was sind Kerzencharts?......................................11
   Ursprünge in Japan 12
   Einzeichnen der ersten Kerze 13
   Aufbau der Kerze...17
   Farbige Kerzen 18
   Kerzencharts mit anderen Zeiteinheiten 18

Verschiedene Kerzentypen.................................19
   Kerze mit langem Körper und kleinen Schatten........19
   Shaven Head und Shaven Bottom....................20
   Marubozu..21
   Doji...22
   Spinning Top und High Wave Candle.............23
   Umbrella Lines...23
   Inverse Umbrella Lines....................................25

Gaps oder Kurslücken...27

Bestimmen der Trendrichtung............................33

Candlestick Formationen....................................37
   Umkehr- und Fortsetzungsformationen..........38
   Entstehung der Namen 38
   Anmerkungen zur folgenden Liste...................40
   Hammer Formation..42
   Shooting Star...46
   Inverted Hammer 50
   Hanging Man...52
   Bullish Belt Hold Pattern.................................54
   Bearish Belt Hold Pattern................................56
   Bullish Engulfing Pattern.................................58
   Bearish Engulfing Pattern................................60
   Piercing Pattern..62
   Dark Cloud Cover..64
   Bullish Counterattack Pattern..........................66

Bearish Counterattack Pattern.................................68
Bullish Harami Pattern...70
Bearish Harami Pattern..72
Harami Cross...74
Three Inside Up Pattern...76
Three Inside Down Pattern.....................................78
Morning Star 80
Evening Star 82
Bullish Abandoned Baby Pattern............................84
Bearish Abandoned Baby Pattern...........................86
Bullish Island Reversal Pattern.............................88
Bearish Island Reversal Pattern............................90
Tower Bottom 92
Tower Top...94
Three White Advancing Soldiers.............................96
Three Black Crows Pattern.....................................98
Advance Block Pattern..100
Rising Three Methods..102
Falling Three Methods...106
High Price Gapping Play...108
Low Price Gapping Play..110
Bullische Kastenformation.....................................112
Bearische Kastenformation....................................114
Wie man nicht mit Candlesticks tradet.....................117
Test | Kerzenformationen im DAX............................117
Studien zu Candlestick Formationen........................123
Konklusion..125
Unterstützungen und Widerstände.........................127
Unterstützungen...127
Viele Orders nahe der Unterstützung 130
Abpraller im Kerzenchart 135
Trading von Abprallern...136
Widerstände...142
Einige Tipps zum Trading von Abprallern.................144
Candlestick Formationen nach Breakouts.................147

Durchbruch durch eine Widerstandslinie.............................147

Auf Rücksetzer warten..150

Einstieg nach dem Bruch einer Unterstützungslinie...............157

Verluststopps, Positionsgröße und Risikomanagement................161

Verluststopps...162

Verluststopp bei Umkehrformationen..............................163

Verluststopp bei Fortsetzungsformationen........................167

Sonderfall | Sehr kleine Formationen............................170

Manueller Ausstieg oder Stop Order?.............................171

Bestimmung der richtigen Positionsgröße.........................174

Positionsgröße passt sich Gesamtkapital an......................178

Wie viel Risiko ist zu viel Risiko?.............................179

Trading ist kein Würfelspiel....................................182

Mit dem Unberechenbaren rechnen.................................184

Risiko bei verschiedenen Finanzinstrumenten.....................187

Risiko bei verschiedenen Zeiteinheiten..........................191

Kumuliertes Risiko 195

Die einzelnen Teile zusammensetzen..............................197

Abschließende Bemerkungen zu Risiko und gutem Trading....200

Glossar...203

Appendix..206

Literatur...210

Übersicht Candlestick Formationen.................................217

Über dieses Buch

Kerzencharts sind aus dem modernen Trading nicht mehr wegzudenken. Jeder Anleger, der sich etwas länger mit den Kursen von Aktien beschäftigt, wird früher oder später auf die Charts mit den weißen und schwarzen Kästchen stoßen.

Für viele Trading Anfänger ist der Kerzenchart einfach nur eine etwas exotische Form der Kursdarstellung, der ansonsten nicht allzu viel Aufmerksamkeit geschenkt wird.

Dabei kann der Kerzenchart dem Anleger sehr viel mehr bieten als die meisten anderen Arten von Börsencharts. Der geübte Betrachter findet hier im Vergleich zu anderen Charts deutlich mehr Informationen darüber, was an den einzelnen Handelstagen passiert ist. Beispielsweise lässt sich an den einzelnen Kerzen ablesen, wie stark die Kurse an den betrachteten Tagen geschwankt haben oder ob es bei der Handelseröffnung zu einem plötzlichen Kurssprung gekommen ist.

Daneben lassen sich im Kerzenchart besonders leicht Widerstands- und Unterstützungszonen erkennen. Diese Zonen zeigen Bereiche an, die vom Kurs nur schwer überwunden werden können. Solche Bereiche sind besonders daher für den Trader interessant, da ein Ausbruch aus diesen Zonen häufig zu starken Kursbewegungen führt.

Ebenfalls von besonderem Interesse für viele Trader sind die Candlestick Formationen, die auch das Hauptthema dieses Buches sind. Diese Formationen bilden sich im Verlauf von einem oder mehreren Tagen heraus und können entweder einen Trendwechsel oder die Fortsetzung des bestehenden Trends voraussagen.

Von vielen Autoren und Anbietern von Tradingkursen werden Candlestick Formationen manchmal etwas zu stark vermarktet, sodass der Eindruck entstehen kann, dass diese Formationen so gut wie immer eine Kursbewegung voraussagen. Dies ist sicherlich eine Übertreibung, aber unter bestimmten Bedingungen haben Kerzenformationen tatsächlich eine gewisse Prognosekraft.

Ziel dieses Buches ist es daher, aufzuzeigen, wann und unter welchen Bedingungen Candlestick Formationen mit einiger Erfolgsaussicht im Trading eingesetzt werden können. Daneben befasst sich dieses Buch ausführlich damit, wie das Risiko eines Trades kontrolliert werden kann. Risikomanagement ist ein Thema, das in anderen Büchern zum Thema Candlestick Formationen (leider) häufig ignoriert wird. Dabei sind Strategien zur Risikominimierung und Verlustbegrenzung nicht nur für jeden Trader außerordentlich wichtig, sondern können auch gerade beim Trading mit Candlestick Formationen relativ leicht umgesetzt werden.

Am Ende dieses Buches sollen Sie daher nicht nur eine Reihe von Candlestick Formationen kennengelernt haben, sondern auch wissen, wie Sie diese profitabel im Trading einsetzen können.

Kapitel 1

Was sind Kerzencharts?

Kerzencharts oder Candlestick Charts waren wahrscheinlich die ersten Charts, die überhaupt an der Börse dazu genutzt wurden, um Kursbewegungen abzubilden.

Ursprünglich wurden Kerzencharts in Japan entwickelt, wo sie schon seit mehreren hundert Jahren in Gebrauch sind. Im Westen waren Candlestick Charts hingegen für lange Zeit weitestgehend unbekannt. Erst durch die Arbeit des Autors Steve Nison erfuhr auch hier ein breites Publikum von dieser Art der Kursdarstellung.

Heute sind Kerzencharts aus der Chartanalyse nicht mehr wegzudenken und zählen neben Linien- und Balkencharts zu den am häufigsten im Trading verwendeten Charttypen.

Im Vergleich zum Linienchart liefert der Kerzenchart deutlich mehr Informationen darüber, wie sich der Kurs innerhalb der einzelnen Tage verhalten hat. Der Chart zeigt nicht nur die Schlusskurse der einzelnen Tage, sondern zusätzlich auch den höchsten Kurs, den tiefsten Kurs und den Eröffnungskurs eines jeden Tages. Ein einzelner Blick auf den Chart genügt daher, um festzustellen, ob es an dem betrachteten Tag zu starken Kursschwankungen gekommen ist oder ob der Handel an diesem Tag eher ruhig verlief. Ebenso lässt sich erkennen, ob der Kurs mit einem Kurssprung eröffnet hat und ob es an dem betrachteten Tag zu einer starken Trendbewegung gekommen ist.

Ursprünge in Japan

Die ersten Kerzencharts wurden an der Dojima Reisbörse in Osaka verwendet. Reis war im alten Japan nicht nur das wichtigste Grundnahrungsmittel, sondern auch eines der meistgehandelten Handelsgüter und übernahm zeitweise sogar die Funktion einer inoffiziellen Zweitwährung. Beispielsweise erfolgte die Bezahlung von Beamten und Bediensteten meistens in Form von Reis, ebenso wurden Steuern und Pachten häufig in Reis statt in Geldeinheiten bezahlt.

Das Standardmaß für Reis war das Koku. Ein Koku ist ein Hohlmaß, das ungefähr 150 Kilogramm Reis fast. Damit entsprach ein Koku Reis in etwa der Menge, die damals von einem erwachsenen Japaner pro Jahr verzehrt wurde.

Der Handel an der Dojima Börse begann im Jahr 1697. Im Jahr 1730 wurde auch der Handel mit sogenannten Reisscheinen offiziell von der Regierung genehmigt. Der Reis musste nunmehr nicht mehr physisch übergeben werden, sondern es reichte aus, dem Käufer der Ware einen Reisschein auszuhändigen. Diese Scheine erlaubten es dem Käufer, eine bestimmte Menge an Reis in einem Lagerhaus in Osaka innerhalb eines bestimmten Zeitraums abzuholen. Wie bei modernen Futures Kontrakten waren auch diese Reisscheine bereits standardisiert, sodass die Dojima Börse als die erste moderne Rohstoffbörse der Welt bezeichnet werden kann.

Alle an der Dojima Börse getätigten Transaktionen wurden in einem öffentlich einsehbaren Buch eingetragen. Daneben wurden der erste Kurs des Tages und der Schlusskurs offiziell von der Börse festgesetzt. Aus diesen Kursen wurden nun die ersten Kerzencharts berechnet.

Einzeichnen der ersten Kerze

Stellen Sie sich vor, Sie sind ein junger ambitionierter Reishändler oder eine aufstrebende Reishändlerin und wollen Ihren ersten Kerzenchart zeichnen. Sie überprüfen dazu zuerst die am heutigen Tag an der Börse getätigten Transaktionen und stellen fest, dass der höchste Preis, der an diesem Tag für ein Koku Reis gezahlt wurde, bei 65 Silberstücken (Monme) lag. Der tiefste Preis lag bei 61 Silberstücken. Daneben ermitteln Sie, dass der Eröffnungskurs bei 62 lag, während der Schlusskurs bei 64 festgesetzt wurde.

Nun können Sie mit dem Zeichnen der ersten Kerze beginnen. In einem Kerzenchart wird für jeden neuen Handelstag eine neue Kerze eingezeichnet. Auf der waagerechten Achse des Charts werden die einzelnen Tage eingetragen. Auf der senkrechten Achse sind die Kurse in Geldeinheiten notiert. Bei modernen Charts wären diese Werte in Euro oder Dollar angegeben. In unserem Beispiel wird der Kurs in Monme, einer alten japanischen Geldeinheit, notiert.

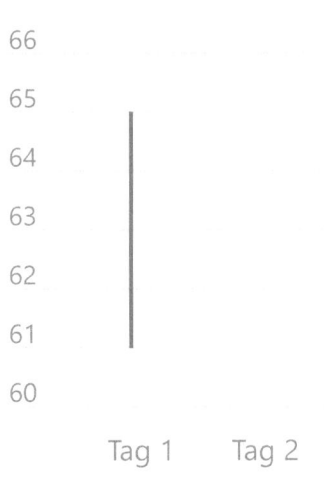

Wir beginnen mit dem höchsten Kurs des Tages. Der Höchstkurs lag in unserem Beispiel bei 65 Silberstücken. Wir tragen daher unseren ersten Punkt bei 65 ein.

Danach folgt der tiefste Kurs des Tages, der bei 61 eingezeichnet wird.

Im Anschluss verbinden wir diese beiden Punkte mit einer geraden Linie. Eine senkrechte Linie in einem Kerzenchart zeigt also die Position des Höchstkurses und des Tiefstkurses an. Der höchste Punkt der Linie zeigt den höchsten Kurs des Tages und der tiefste Punkt der Linie den tiefsten Kurs.

Als Nächstes folgen nun der Eröffnungskurs und der Schlusskurs. Diese beiden Kurse werden als waagerechte Linien auf die senkrechte Linie eingezeichnet.

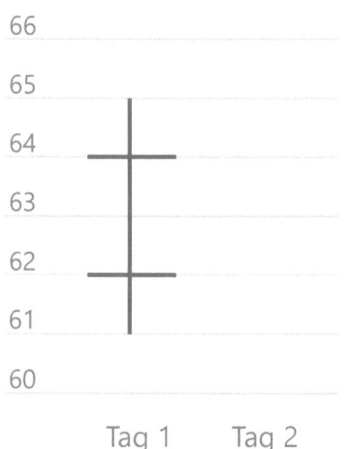

Zuerst tragen wir den Eröffnungskurs ein. Dazu ziehen wir eine waagerechte Linie bei 62 ein.

Es folgt der Schlusskurs, den wir als zweite waagerechte Linie bei 64 einzeichnen.

Das Problem ist nun, dass wir nicht erkennen können, welche der beiden Linien der Schlusskurs und welche der Eröffnungskurs des Tages ist.

Dieses Problem wird beim Kerzenchart dadurch gelöst, dass die beiden waagerechten Linien zu einem Kasten verbunden werden. Dieser Kasten wird als Kerzenkörper bezeichnet. Je nachdem, ob der Kurs an dem betrachteten Tag gestiegen oder gefallen ist, wird der Kerzenkörper entweder weiß oder schwarz eingezeichnet.

Notiert der Schlusskurs über dem Eröffnungskurs, wird der Kasten weiß eingefärbt. Ein weißer Kasten zeigt also an, dass der Kurs innerhalb des betrachteten Tages gestiegen ist. Bei einer weißen Kerze zeigt die untere waagerechte Linie des Kerzenkörpers daher den Eröffnungskurs an, während die obere Linie den Schlusskurs markiert.

Ist der Kurs hingegen gefallen, so liegt der Schlusskurs unter dem Eröffnungskurs. In diesem Fall wird der Kasten schwarz eingefärbt. Die obere Linie des Kastens zeigt in diesem Fall den Eröffnungskurs und die untere Linie den Schlusskurs an.

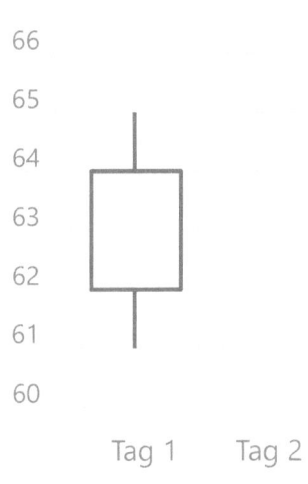

Tag 1   Tag 2

In unserem Beispiel hat der Handel bei einem Kurs von 62 eröffnet und mit einem Kurs von 64 geschlossen.

Der Schlusskurs der Kerze lag also oberhalb des Eröffnungskurses. Innerhalb des betrachteten Tages kam es demnach zu einem Kursanstieg. Aus diesem Grund wird der Körper der Kerze weiß eingefärbt.

Mit Hilfe eines einzigen Blickes kann also beim Kerzenchart festgestellt werden, in welche Richtung sich der Kurs innerhalb eines Tages bewegt hat.

Schauen wir uns nun an, was passiert, wenn der Kurs an einem Tag fällt.

Nehmen wir an, am nächsten Tag hat der Handel mit einem Kurs von 64 eröffnet. Danach ist der Kurs zuerst bis zu seinem Tageshoch von 65 gestiegen. Dann aber kam es zu einem Kursrückgang und der Kurs fiel bis auf einen Wert von 61. Da es dem Kurs nach dem Kursrücksetzer nicht mehr gelang, wieder höher zu steigen, schloss der Kurs am Ende des Tages bei 61.

Wir beginnen nun mit dem Einzeichnen der zweiten Kerze. Eine neue Kerze wird im Kerzenchart immer rechts neben der vorherigen Kerze eingezeichnet.

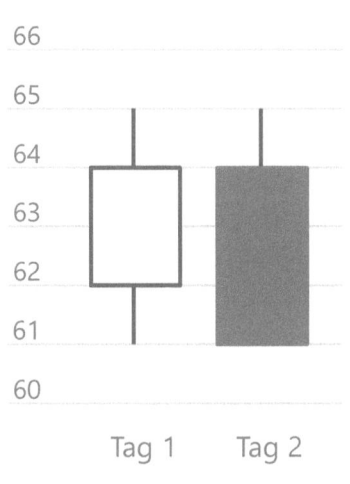

Der Höchstkurs der neuen Kerze lag bei 65 und der tiefste Kurs bei 61. Wir ziehen daher eine senkrechte Linie von 65 bis 61.

Als Nächstes können wir den Kerzenkörper einzeichnen. Dazu tragen wir den neuen Eröffnungskurs bei 64 und den Schlusskurs bei 61 ein. Im Anschluss verbinden wir die beiden waagerechten Linien zu einem Kasten. Im Gegensatz zu der vorherigen Kerze liegt hier der Schlusskurs unter dem Eröffnungskurs. Der Kurs ist also an dem betrachteten Tag gefallen. Aus diesem Grund wird der Kasten der zweiten Kerze schwarz eingefärbt.

Auf diese Weise würde nun für jeden neuen Tag eine neue Kerze eingezeichnet werden. Nach einiger Zeit zeigt ein solcher Chart die Kurse von mehreren Monaten an. In einem so erstellten Kerzenchart kann sowohl abgelesen werden, wie sich der Kurs innerhalb der einzelnen Tage entwickelt hat, als auch, wohin sich der Kurs in den letzten Wochen oder Monaten bewegt hat.

Aufbau der Kerze

Nachdem wir gelernt haben, wie eine Kerze in den Kerzenchart eingezeichnet werden kann, werfen wir im Folgenden einen Blick auf die einzelnen Elemente der Kerze. Die folgende Abbildung zeigt eine Kerze, die den Kursverlauf einer Aktie darstellt. In unserem Beispiel ist der Kerzenkörper schwarz eingezeichnet. Wir wissen also, dass die Aktie im Tagesverlauf gefallen ist. Daraus resultierend zeigt die obere waagerechte Linie des Körpers den Eröffnungskurs an, während die untere Linie den Schlusskurs zeigt.

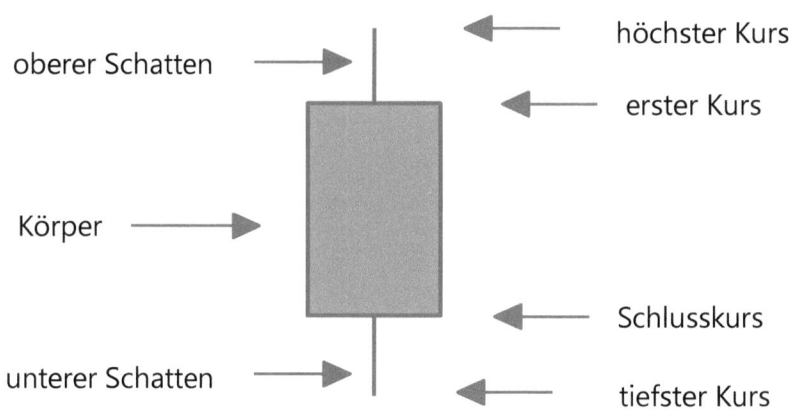

Die senkrechte Linie oberhalb des Kerzenkörpers wird als oberer Schatten bezeichnet. Wie Sie schon zuvor gelernt haben, markiert der höchste Punkt des oberen Schattens den höchsten Kurs des Tages.

Die senkrechte Linie unterhalb des Kerzenkörpers wird unterer Schatten genannt. Der tiefste Punkt des unteren Schattens zeigt den tiefsten Kurs des Tages an.

Manchmal wird der obere Schatten auch als Docht bezeichnet. Für den unteren Schatten ist auch die Bezeichnung Lunte gebräuchlich. Um Verwirrung zu vermeiden, verwenden wir in diesem Buch aber ausschließlich die Bezeichnungen oberer und unterer Schatten.

Farbige Kerzen

Neben den in diesem Buch verwendeten Charts werden Ihnen auch Kerzencharts begegnen, in denen statt schwarzen und weißen Kerzen farbige Kerzen eingezeichnet sind. Meistens sind diese Kerzen grün und rot gefärbt.

Eine grüne Kerze entspricht in diesen Fällen einer weißen Kerze. Durch eine grüne Kerze wird also angezeigt, dass der Kurs an dem betrachteten Tag gestiegen ist.

Statt einer schwarzen Kerze wird in einem farbigen Charts meistens eine rote Kerze verwendet. Eine rote Kerze zeigt daher an, dass der Schlusskurs der Kerze unter dem Eröffnungskurs lag.

Kerzencharts mit anderen Zeiteinheiten

Bis jetzt haben wir uns ausschließlich mit Tagescharts befasst. Bei diesen Charts zeigt jede Kerze den Kursverlauf eines Tages an. Natürlich können Kerzen aber auch in Charts mit anderen Zeiteinheiten verwendet werden.

In einem Wochenchart beispielsweise wird nur eine Kerze pro Woche eingezeichnet. Hier zeigt der obere Schatten daher den höchsten Kurs der Woche an, während der untere Schatten den tiefsten Kurs der Woche anzeigt. Durch den Körper werden hier der erste und der letzte Kurs der Woche markiert.

Daytrader verwenden häufig Stundencharts. Hier zeigen die beiden Schatten dementsprechend den höchsten und den tiefsten Kurs einer Stunde an, während am Kerzenkörper der erste Kurs und der Stundenschlusskurs abgelesen werden können.

Kapitel 2

Verschiedene Kerzentypen

Eine Kerze im Kerzenchart liefert dem geschulten Betrachter eine Vielzahl an Informationen über die Kursbewegungen an dem betrachteten Tag.

Lange obere und untere Schatten zeigen beispielsweise an, dass es an diesem Tag zu starken Kursschwankungen gekommen ist. Eine Kerze mit kleinem Kerzenkörper und kurzen Schatten deutet dagegen auf einen sehr ruhigen Handel hin. Hat eine Kerze einen sehr langen Kerzenkörper, zeigt dies wiederum an, dass der Kurs an diesem Tag sehr stark gestiegen oder sehr stark gefallen ist.

Anhand der Form der Kerzen können also Rückschlüsse auf den Handel während des betrachteten Tages gezogen werden. Die Form der Kerzen hat daher in der Chartanalyse eine besondere Wichtigkeit, weswegen die Kerzen je nach Aussehen in verschiedene Kerzentypen unterteilt werden. Im Folgenden lernen Sie einige der wichtigsten Kerzentypen kennen.

Kerze mit langem Körper und kleinen Schatten

Eine Kerze mit kleinen Schatten und einem langen Kerzenkörper deutet auf eine starke Kursbewegung in eine Richtung hin.

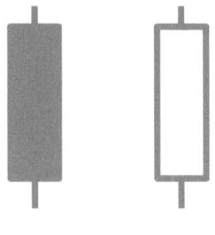

Eine schwarze Kerze mit langem Kerzenkörper weist darauf hin, dass es im Verlauf des betrachteten Tages zu einem starken Kurseinbruch gekommen ist. Der kleine untere Schatten zeigt an, dass sich der Kurs nach dem Einbruch nicht mehr erholen konnte, sodass der Kurs nahe an seinem Tagestief geschlossen hat. Je länger die schwarze Kerze, desto heftiger war der Kurseinbruch.

Eine lange weiße Kerze zeigt hingegen an, dass es innerhalb des betrachteten Tages zu einem starken Kursanstieg gekommen ist.

Hat die weiße Kerze nur einen kleinen oberen Schatten, so bedeutet dies, dass der Kurs nah an seinem Tageshöchstkurs geschlossen hat.

Shaven Head und Shaven Bottom

In einigen Fällen kann es vorkommen, dass eine Kerze mit einem langen Kerzenkörper entweder keinen oberen oder keinen unteren Schatten besitzt.

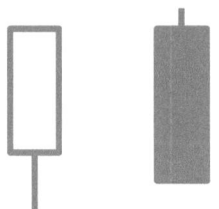

Wenn der letzte Kurs des Tages gleichzeitig auch der höchste Kurs des Tages war, wird die Kerze ohne oberen Schatten eingezeichnet. Man spricht hier auch von einem Shaven Head. Ein Shaven Head zeigt also an, dass der Kurs zum Höchstkurs aus dem Handel gegangen ist.

Ist der Kurs hingegen zum Tiefstkurs aus dem Handel gegangen, entspricht der Schlusskurs dem tiefsten Kurs und es wird kein unterer Schatten eingezeichnet. Eine Kerze ohne unteren Schatten wird als Shaven Bottom bezeichnet.

Marubozu

Eine Kerze mit langem Kerzenkörper, die weder einen oberen noch einen unteren Schatten hat, wird als Marubozu bezeichnet.

 Ist das Marubozu eine schwarze Kerze (Black Marubozu), entspricht der höchste Kurs dem Eröffnungskurs und der tiefste Kurs dem Schlusskurs. An diesem Tag konnte der Kurs also nie über seinen Eröffnungskurs steigen, sondern ist im weiteren Verlauf des Tages immer weiter gefallen, bis er schließlich zum Tiefstkurs aus dem Handel gegangen ist. Da die Kerze zum Tagestiefstkurs geschlossen hat, ist damit zu rechnen, dass die Kurse auch am nächsten Tag zunächst weiter fallen werden. Daher wird ein schwarzes Marubozu auch als Bearish Marubozu bezeichnet.

Ein White Marubozu hat hingegen einen weißen Kerzenkörper. Hier ist der Kurs also gleich nach der Handelseröffnung gestiegen und ist zum Höchstkurs aus dem Handel gegangen. Ein White Marubozu zeigt daher eine starke Aufwärtsbewegung an, die bis zum Ende des Tages anhielt. Das White Marubozu wird auch als Bullish Marubozu bezeichnet.

Marubozu Kerzen sind relativ selten im Chart zu finden, da sich bei den meisten Kerzen zumindest auf einer der beiden Seiten ein kleiner Schatten herausbildet. Wie schon bei den normalen langen Kerzen sind auch Marubozu Kerzen umso aussagekräftiger, je länger der Kerzenkörper ist.

Doji

Die wahrscheinlich bekannteste Kerzenform ist das Doji. Eine Doji Kerze ist in gewisser Weise das genaue Gegenstück zum Marubozu. Während das Marubozu nur aus einem Kerzenkörper besteht und keine Schatten hat, besteht das Doji (fast) nur aus Schatten und hat keinen richtigen Körper.

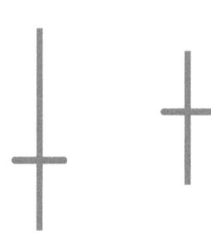

Beim Doji entspricht der Eröffnungskurs dem Schlusskurs. Die Aktie ist also genau zu dem Kurs aus dem Handel gegangen, zu dem sie auch eröffnet hat. Aus diesem Grund wird anstelle eines Kerzenkörpers nur eine einzelne waagerechte Linie eingezeichnet, die sowohl den Eröffnungskurs als auch den Schlusskurs markiert.

Auch wenn sich der Kurs auf Tagessicht nicht verändert hat, muss ein Doji nicht zwingend auf einen ereignislosen Tag hinweisen. Hat das Doji einen oder zwei sehr lange Schatten, so deutet dies auf einen umkämpften Handel mit starken Kursschwankungen hin. Doji finden sich daher häufig an Wendepunkten, an denen der Markt von der einen Richtung in die andere Richtung dreht.

Viele Trader würden auch dann eine Kerze als Doji bezeichnen, wenn Eröffnungskurs und Schlusskurs sehr nah beieinanderliegen. In diesem Fall hätte die Kerze einen sehr schmalen Kerzenkörper anstatt einer waagerechten Linie.

Vom Doji gibt es verschiedene Unterformen, von denen wir im Folgenden noch einige kennenlernen werden.

Spinning Top und High Wave Candle

Ein Spinning Top ist eine Kerze mit einem kleinen Kerzenkörper und langen Schatten. Die Schatten des Spinning Top sollten dabei länger sein als der Körper der Kerze. Dadurch erhält die Kerze das Aussehen eines Kreisels (engl. Spinning Top). Die Farbe des Kerzenkörpers ist beim Spinning Top nicht wichtig. Sowohl schwarze Kerzen als auch weiße Kerzen sind also erlaubt.

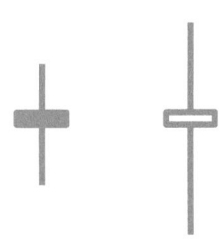

Ein Spinning Top mit besonders langen Schatten wird auch als High Wave Candle bezeichnet. Die langen Schatten der High Wave Candle deuten darauf hin, dass es an dem betrachteten Tag zu starken Kursschwankungen gekommen ist. Am Ende ging der Kurs allerdings nahezu unverändert aus dem Handel, sodass der Schlusskurs nahe am Eröffnungskurs lag. Eine High Wave Kerze zeigt also einen uneinheitlichen und umkämpften Handel an.

Eine Sonderform der High Wave Kerze ist das Long Legged Doji. Diese Kerze gleicht der High Wave Candle. Allerdings sind in diesem Fall Schlusskurs und Eröffnungskurs identisch, sodass die Kerze keinen Körper, sondern nur eine waagerechte Linie hat.

Umbrella Lines

Als Nächstes kommen wir zu einer interessanten Kerzenform, die eine Trendumkehr innerhalb des betrachteten Tages anzeigt.

Umbrella Lines haben einen kleinen Kerzenkörper im oberen Bereich der Kerze und einen langen unteren Schatten. Dadurch ähneln sie einem Schirm (traditionelle japanische Papierschirme sind eher flach und nicht abgerundet wie westliche Schirme).

Diese Kerze zeigt an, dass der Kurs zu einem bestimmten Zeitpunkt innerhalb des Tages stark eingebrochen ist. Dann aber kam es zu einer starken Gegenbewegung, sodass der Kurs am Ende des Tages wieder sehr nah an seinem Anfangskurs schließen konnte. Es zeigte sich also, dass sich nach dem Kurseinbruch genügend Käufer gefunden haben, um den Kurs wieder nach oben zu treiben.

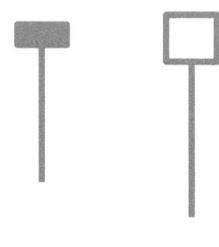

Taucht solch eine Kerze nach einer mehrtägigen Abwärtsbewegung auf, kann dies ein erstes Zeichen für einen möglichen Trendwechsel sein. Zumindest innerhalb des betrachteten Tages kam es zu einer Trendumkehr und einer anschließenden Gegenbewegung. Die vorherige Abwärtsbewegung konnte also auf Tagesebene unterbrochen werden, was auf eine gewisse Stärke hindeutet.

Folgt eine Umbrella Kerze auf eine Reihe von steigenden Kerzen, ist dies zumeist auch eher als ein bullisches Zeichen zu sehen. Fällt der Kurs allerdings am Folgetag unter den unteren Schatten der Umbrella Kerze, kann dies das Ende des Trends anzeigen. Wir kommen auf dieses Phänomen noch einmal im Abschnitt zur Hanging Man Candlestick Formation zu sprechen.

Eine Sonderform der Umbrella Kerze ist das Dragonfly Doji. Bei dieser Kerze sind Eröffnungskurs, Schlusskurs und höchster Kurs identisch. Alle drei Kurse werden daher durch eine waagerechte Linie an der oberen Spitze der Kerze markiert. Die waagerechte Linie und die senkrechte Linie des Dragonfly Doji bilden daher ein T.

Sowohl für Umbrella Lines als auch für das Dragonfly Doji gilt, dass beide Kerzen als Signal umso stärker sind, je länger der untere Schatten der Kerze ist.

Inverse Umbrella Lines

Die nächste Kerze ist das spiegelverkehrte Gegenstück zur vorherigen Kerze. Diesmal haben wir eine Kerze mit einem langen oberen Schatten und einem kleinen Körper im unteren Bereich.

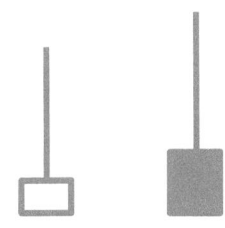

An diesem Tag kam es also im Verlauf des Tages zu einem starken Kursanstieg. Allerdings konnte sich der Kurs im weiteren Handelsverlauf nicht auf seinem neuen Hoch halten, sondern fiel wieder zurück und endete am Ende des Tages nahe an seinem Eröffnungskurs. Auch hier kam es also innerhalb des betrachteten Tages zu einer Trendumkehr.

Taucht eine Inverse Umbrella Kerze in einem Aufwärtstrend auf, deutet dies darauf hin, dass der Kurs einen Punkt erreicht hat, an dem er auf Widerstand gestoßen ist. In einigen Fällen kann eine Inverse Umbrella Kerze einen Trendwechsel ankündigen.

Auch von dieser Kerze gibt es eine Doji Variante. Beim Gravestone Doji sind der Eröffnungskurs, der Schlusskurs und der tiefste Kurs identisch. Die Kerze sieht deshalb aus wie ein umgedrehtes T.

Das Gravestone Doji hat seinen etwas düsteren Namen erhalten, weil sein Aussehen einem traditionellen japanischen Grabstein ähnelt.

Kapitel 3

Gaps oder Kurslücken

Nachdem Sie die wichtigsten Kerzenformen kennengelernt haben, wenden wir uns nun den Lücken zu, die Sie manchmal im Kerzenchart zwischen zwei nebeneinanderliegenden Kerzen entdecken können. Diese Lücken werden als Kurslücken oder Gaps bezeichnet.

Wenn Sie den Kerzenchart einer Aktie betrachten, werden Sie feststellen, dass der Eröffnungskurs eines neuen Tages selten mit dem Schlusskurs des Vortages übereinstimmt. Doch woher kommt diese Diskrepanz?

Betrachten wir dazu als Beispiel eine Aktie, die an der Börse in Frankfurt gehandelt wird. Der Xetra Handel endet um 17:30 Uhr. Der Schlusskurs der Aktie wird also um 17:30 Uhr festgelegt. Nachdem der Xetra Handel geschlossen hat, wird die Aktie aber an anderen Börsen weiterhin gehandelt. Im sogenannten Spezialisten Handel können Aktien in Frankfurt bis 22:00 Uhr gekauft und verkauft werden. Die Aktien von großen Unternehmen werden häufig auch zusätzlich an ausländischen Börsen gehandelt, die deutlich später schließen als die deutschen Börsen. In dieser Zeit kann natürlich auch der Kurs der Aktie weiter steigen oder fallen. Kommt es also beispielsweise nach Ende des Xetra Handels zu einem starken Kursanstieg, wird am folgenden Tag der neue Eröffnungskurs deutlich über dem Schlusskurs des Vortages liegen.

Selbst wenn die Aktie selbst nicht mehr gehandelt wird, beeinflusst das Geschehen an den anderen Börsen weiterhin die Höhe des zukünftigen Eröffnungskurses. Kommt es zum Beispiel in Asien zu einem starken Kurseinbruch, so ist auch in Deutschland am nächsten Morgen mit tieferen Kursen zu rechnen.

Neben den Kursen von anderen Börsen können auch neu veröffentlichte Wirtschaftsdaten oder Unternehmensmeldungen zu einem deutlich höheren oder niedrigeren Eröffnungskurs führen. Veröffentlicht beispielsweise ein Unternehmen schon vor Börsenbeginn einen überraschend hohen Unternehmensgewinn, kann es bereits bei der Börseneröffnung zu einem Kurssprung bei der zugehörigen Aktie kommen. Umgekehrt kann natürlich auch eine Aktie nach einer schlechten Meldung deutlich tiefer eröffnen.

Eine ganze Reihe von verschiedenen Faktoren können also den neuen Eröffnungskurs nach oben oder nach unten bewegen. Dennoch ist die Differenz zwischen Eröffnungskurs und Schlusskurs, zumindest in Deutschland, meistens nicht allzu groß. In der Regel liegt der neue Eröffnungskurs innerhalb der Kerze des Vortages.

In Ausnahmefällen kann der Kurs allerdings auch außerhalb der Vorkerze eröffnen. Das bedeutet, dass der neue Eröffnungskurs entweder oberhalb des oberen Schattens oder unterhalb des unteren Schattens der Vorkerze liegt. Dadurch entsteht eine Lücke zwischen der neuen Kerze und der vorherigen Kerze.

Diese Kurslücken werden auch als Gaps bezeichnet. Bei einem Aufwärtsgap eröffnet der Kurs oberhalb des oberen Schattens der vorherigen Kerze. Bei einem Abwärtsgap ist der Kurs gleich zu Handelsbeginn unter den unteren Schatten gefallen.

Generell gilt, dass die Aussagekraft eines Gaps umso größer ist, je weiter der neue Eröffnungskurs vom vorherigen Schlusskurs entfernt ist.

Hat der Kurs einer Aktie mit einem Gap eröffnet, können im weiteren Verlauf des Tages zwei Dinge passieren. Entweder der Kurs bewegt sich wieder zum vorherigen Schlusskurs zurück und schließt dadurch das Gap oder das Gap wird nicht geschlossen und im Chart bleibt eine gut sichtbare Lücke zwischen den beiden Kerzen zurück.

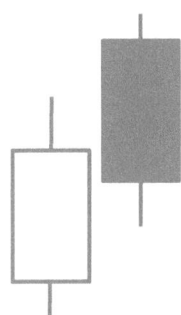

Die nebenstehende Abbildung zeigt ein geschlossenes Gap. Hier kam es gleich zur Eröffnung zu einem Aufwärtsgap. Der Kurs hat also oberhalb des oberen Schattens der Vorkerze eröffnet.

Im weiteren Handel sind die Kurse dann aber wieder gefallen und der Kurs hat am Ende des Tages unterhalb des vorherigen Schlusskurses geschlossen.

Bei einem geschlossenen Gap ist die Lücke zwischen den beiden Kerzen also am Ende des Tages wieder verschwunden.

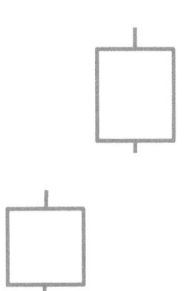

Ganz anders sieht es in der zweiten Abbildung aus. Auch hier hat der Kurs gleich zu Handelsbeginn oberhalb des oberen Schattens eröffnet. Im Unterschied zur vorherigen Abbildung ist der Kurs aber dann nach dem Eröffnungsgap nicht wieder zurückgefallen, sondern ist weiter gestiegen, sodass am Tagesende eine Lücke zwischen den beiden Kerzen geblieben ist.

In der Candlestick Analyse spricht man nur dann von einem Gap oder einer Kurslücke, wenn sich auch die Schatten der beiden Kerzen nicht berühren.

Bei der Kurslücke in unserem Beispiel handelt es sich um eine Aufwärtskurslücke, bei der der untere Schatten der zweiten Kerze über dem oberen Schatten der ersten Kerze liegt. Die letzte Kerze schwebt dadurch über ihrer Vorkerze.

Bei einem Abwärtsgap befindet sich die zweite Kerze hingegen unterhalb der ersten Kerze. Der obere Schatten der zweiten Kerze liegt dabei unterhalb des unteren Schattens der ersten Kerze.

Nicht geschlossene Kurslücken sind im Kerzenchart gut zu erkennen und werden dementsprechend auch von vielen Tradern beachtet. In der Candlestick Analyse werden diese Kurslücken auch als Windows bezeichnet.

Bei einem Gap lohnt es sich immer, zu prüfen, warum es zu der Kurslücke gekommen ist. In vielen Fällen ist der Grund relativ offensichtlich. Wenn der Kurs am Vortag stark gestiegen ist und die Kerze nah an ihrem Hoch schließt, kommt es häufig am Folgetag zu einem Aufwärtsgap, da die Marktteilnehmer weiter steigende Kurse antizipieren und bereits vor Markteröffnung neue Kauforders platziert haben.

In anderen Fällen sorgt eine Meldung zu einem Kurssprung. Gerade bei Gaps, die auf Meldungen reagieren, ist es wichtig, darauf zu achten, wie sich der Kurs nach der Gaperöffnung verhält. Kommt es beispielsweise nach einer überraschend schlechten Unternehmensmeldung erst zu einem Gap nach unten, das dann aber im weiteren Handelsverlauf wieder geschlossen werden kann, deutet dies darauf hin, dass sich genug Käufer gefunden haben, die nach der schlechten Meldung bereit waren, die Aktie zu kaufen. Dies ist als Zeichen von Stärke zu werten und deutet daher eher auf weiter steigende Kurse hin.

Setzt der Kurs seine Abwärtsbewegung nach dem Eröffnungsgap hingegen weiter fort und bewegt sich vom Gap weg, so ist dies ein Zeichen von Schwäche und es muss mit einem weiteren Kursrutsch gerechnet werden.

Anmerkung

Der Begriff Gap oder Kurslücke ist nicht ganz einheitlich definiert.

Manchmal wird auch bereits dann von einem Gap gesprochen, wenn der Kurs mit einer Lücke zwischen Eröffnungskurs und vorherigem Schlusskurs eröffnet, selbst dann, wenn der neue Eröffnungskurs innerhalb der Schatten der Vorkerze liegt. In diesem Fall reicht es also aus, wenn sich die beiden Kerzenkörper nicht berühren.

In der Literatur zum Thema Kerzencharts wird aber mehrheitlich die von mir vorgestellte, strengere Variante verwendet, bei der sich auch die Schatten der beiden Kerzen nicht berühren dürfen.

Kapitel 4

Bestimmen der Trendrichtung

Bis jetzt haben wir uns nur auf die einzelnen Kerzen im Chart konzentriert. In der Chartanalyse wird der Fokus aber meistens nicht auf die individuellen Kerzen gelegt, sondern der Chart wird als Ganzes betrachtet. Nur so lassen sich größere Bewegungen im Chart erkennen.

Eine der wichtigsten Aufgaben der Chartanalyse ist die Bestimmung des aktuellen Trends. Der Trend gibt an, ob sich der Kurs einer Aktie in eine bestimmte Richtung bewegt oder ob der Handel uneinheitlich (trendlos) verläuft.

Auch für das Trading mit Candlestick Formationen ist es wichtig, die Richtung des Trends vor der eigentlichen Candlestick Formation zu kennen. Einige Formationen folgen immer auf einen Aufwärtstrend, während andere Formationen nur gehandelt werden dürfen, wenn die Kurse vor der Candlestick Formation gefallen sind. Die Bewegung vor der Candlestick Formation ist also ein essenzieller Bestandteil der Formation. Deswegen sollte vor dem Eröffnen einer neuen Kauf- oder Verkaufsposition immer die Richtung des vorherigen Trends ermittelt werden.

Grundsätzlich unterscheidet man zwischen zwei Arten von Trends. Kurzfristige Trends betrachten den Zeitraum von wenigen Tagen oder Wochen. Langfristige Trends können hingegen über mehrere Monate oder sogar Jahre bestehen. Mit langfristigen Trends befassen wir uns ausführlicher im letzten Teil dieses Buches.

In diesem Abschnitt konzentrieren wir uns auf den kurzfristigen Trend. Um den kurzfristigen Trend zu ermitteln, müssen wir lediglich einen Blick auf die letzten Kerzen direkt vor der aktuellen Kerze werfen. Sind die Kerzen gestiegen, liegt ein Aufwärtstrend vor. Sind die Kerzen vor der betrachteten Kerze hingegen gefallen, befindet sich der Kurs in einer Abwärtsbewegung. In einer trendlosen Phase bewegen sich die Kerzen seitlich, sodass keine klare Trendrichtung zu erkennen ist.

Schauen wir uns dazu als Beispiel den Kursverlauf in dem obenstehenden Kerzenchart an. In dem abgebildeten Chart durchläuft der Kurs alle drei Trendphasen.

Auf der linken Seite des Charts befindet sich der Kurs in einem Aufwärtstrend. Die meisten der Kerzen schließen oberhalb der Schlusskurse ihrer Vorkerzen. Die Kurse haben sich im Verlauf der letzten Tage also nach oben bewegt. Daneben handelt es sich bei den meisten Kerzen um weiße Kerzen. Dies zeigt, dass der Kurs auch innerhalb der betrachteten Tage gestiegen ist. Kleinere Rücksetzer, wie bei den beiden schwarzen Kerzen, sind erlaubt, solange der Kurs nach den Rücksetzern wieder höhere Hochs erreicht.

Ab der dritten schwarzen Kerze kommt es allerdings zu einer Stagnation. Von hier an erreichen die neuen Kerzen keine höheren Hochs mehr. Stattdessen verbleiben sie etwa auf gleicher Höhe mit ihren Vorkerzen. Statt weiter aufwärts zu laufen, bewegt sich der Kurs in diesem Bereich eher seitwärts. Der Kurs ist damit von einer Aufwärtsbewegung in eine Seitwärtsbewegung übergegangen.

Danach verbleibt der Kurs für einige Zeit in dieser Seitwärtsbewegung, bis es auf der rechten Seite des Charts zu einem Kurseinbruch gekommen. Der Kurs ist aus der vorherigen Seitwärtsbewegung nach unten ausgebrochen und bewegt sich von da ab weiter abwärts. Eine Abwärtsbewegung ist dadurch gekennzeichnet, dass die meisten Kerzen der Bewegung einen schwarzen Kerzenkörper haben. Zusätzlich müssen die Schlusskurse der aufeinanderfolgenden Kerzen unter den Schlusskursen der vorherigen Kerzen liegen. Wie auch beim kurzfristigen Aufwärtstrend dürfen auch hier einzelne Kerzen ausscheren und sich in die Gegenrichtung bewegen, aber die Mehrzahl der Kerzen sollten fallende Kerzen mit tieferen Schlusskursen sein.

Die drei Trendphasen Abwärtstrend, Aufwärtstrend und Seitwärtstrend, wechseln sich im Chart fortwährend ab. Der Kurs geht also ständig von der einen Phase in die andere Phase über. Häufig ist es am Anfang eines neuen Trends nicht ganz einfach zu erkennen, ob der Kurs in eine neue Trendphase übergeht oder ob es nur zu einer kurzfristigen Gegenbewegung kommt.

Anmerkung

In diesem wie auch in den folgenden Abschnitten werden die Begriffe (kurzfristiger) Abwärtstrend und Abwärtsbewegung synonym verwendet. Auch die Begriffe Aufwärtstrend und Aufwärtsbewegung beschreiben dieselbe Bewegung.

Kapitel 5

Candlestick Formationen

Nachdem Sie die einzelnen Kerzenformen kennengelernt haben und nun wissen, wie der kurzfristige Trend bestimmt werden kann, wenden wir uns nun dem eigentlichen Hauptthema dieses Buchs zu, den Candlestick Formationen.

Die meisten Candlestick Formationen bestehen aus einer Kombination von mehreren aufeinanderfolgenden Kerzen. Für jede Kerze ist dabei vorgegeben, welches Aussehen die Kerze haben muss und wo sich die Kerze im Verhältnis zu ihrer Vorkerze befinden muss. Beispielsweise ist das Bullish Engulfing Pattern eine Kerzenformation aus zwei Kerzen, bei denen die erste Kerze eine kleine schwarze Kerze ist. Auf diese schwarze Kerze folgt eine deutlich längere weiße Kerze, die auf beiden Seiten über die erste Kerze herausragt.

Einige Kerzenformationen bestehen auch nur aus einer einzelnen Kerze, die eine besondere Form hat. Eine sehr bekannte Candlestick Formation ist zum Beispiel die Hammer Formation, die aus einer einzelnen Kerze mit einem langen unteren Schatten und einem kleinen Körper im oberen Bereich besteht.

Wie bereits im vorherigen Kapitel erwähnt, ist bei allen Candlestick Formationen die Vorbewegung vor der Formation wichtig. Einige Kerzenformationen folgen ausschließlich auf eine Aufwärtsbewegung, während andere Formationen immer auf einen Abwärtstrend folgen. Die Bewegung vor der Formation ist also ein wichtiger Teil der Formation und muss daher immer beachtet werden.

Umkehr- und Fortsetzungsformationen

Candlestick Formationen werden in Umkehrformationen und Fortsetzungsformationen unterteilt. Die meisten Kerzenformationen sind Umkehrformationen. Wie der Name schon andeutet, sagen diese Formationen eine Trendumkehr voraus. Eine bullische Umkehrformation kündigt also das Ende des vorherigen Abwärtstrends und den Beginn einer Aufwärtsbewegung an. Nach einer bearischen Umkehrformation wechselt der Kurs hingegen von einer Aufwärtsbewegung in eine Abwärtsbewegung.

Im Gegensatz dazu nimmt der Kurs nach dem Ende einer Fortsetzungsformation seine vorherige Trendbewegung wieder auf. Die Fortsetzungsformation selbst stellt dabei eine kurzzeitige Unterbrechung des eigentlichen Trends dar.

Die Bewegungen vor und nach einer Fortsetzungsformation zeigen also in die gleiche Richtung, während sich der Kurs vor und nach einer Umkehrformation in die beiden entgegengesetzten Richtungen bewegt.

Entstehung der Namen

Wie auch die Kerzencharts selbst, hat auch das Trading mit Candlestick Formationen seinen Ursprung in Japan. Häufig wird der japanische Reishändler Munehisa Homma als Erfinder des Kerzencharts und des Tradings mit Candlestick Formationen genannt. Homma war wohl der mit Abstand erfolgreichste Reishändler der Tokugawa Era und einer der besten Rohstoffspekulanten aller Zeiten. Inwieweit er aber auch als der Vater der Kerzencharts gelten kann, ist hingegen umstritten. Einige Autoren, wie beispielsweise Morris

(2006) und Nison in seinem Buch *Beyond Candlesticks* (1994), gehen nicht davon aus, dass Homma die Kerzencharts erfunden hat. Homma wird aber mit den nach seiner Heimatstadt benannten Sakata Regeln in Verbindung gebracht. Diese Regeln gelten als der Grundstein der modernen Candlestick Analyse.

Lange Zeit war das Trading mit Candlestick Formationen ausschließlich in Japan bekannt. Das erste Buch zu diesem Thema, das nicht nur in japanischer Sprache veröffentlicht wurde, war Seiki Shimizus Buch *The Japanese Chart of Charts* (1986). Richtig bekannt wurden Candlestick Formationen im Westen jedoch erst durch die Bücher des US Amerikaners Steve Nison (1991)(1994).

Die ersten nicht-japanischen Bücher über Kerzenformationen wurden also alle auf Englisch verfasst, weswegen die Namen der einzelnen Formationen auch heute noch meistens englische Übersetzungen von ursprünglich japanischen Begriffen sind. Mit Ausnahme einiger etwas prosaisch anmutenden Bezeichnungen beschreiben die Namen der meisten Candlestick Formationen dabei einfach das Aussehen der Kerzen in der Formation. Beispielsweise hat die Hammer Formation deswegen ihren Namen erhalten, weil die Kerze das Aussehen eines Hammers hat.

Von den meisten Formationen gibt es sowohl eine bullische als auch eine bearische Variante. Die bullische Variante sagt immer steigende Kurse voraus, während nach Auftauchen der bearischen Variante mit fallenden Kursen zu rechnen ist. In einigen Fällen haben die beiden Formationen denselben Namen (beispielsweise beim Bullish Engulfing Pattern und beim Bearish Engulfing Pattern). In anderen Fällen gibt es zwei verschiedene Bezeichnungen (beispielsweise Hanging Man und Inverted Hammer).

Anmerkungen zur folgenden Liste

Im folgenden Teil dieses Buches finden Sie eine Liste mit 34 Candlestick Formationen.

Diese Liste erhebt keinen Anspruch auf Vollständigkeit, es gibt weit mehr als 100 verschiedene Candlestick Formationen, aber sie enthält die wichtigsten und die bekanntesten Formationen. Die Formationen, die weggelassen wurden, zählen entweder eher zu den unbekannteren Kerzenformationen oder ihre Bedeutung ist umstritten.

Auch unter den hier vorgestellten Formationen gibt es einige Abstufungen. Die bekanntesten Formationen sind die Hammer Formation, der Shooting Star, die Harami Patterns, Engulfing Patterns, Hanging Man, Inverted Hammer sowie Evening und Morning Star.

Wenn ich einige wenige Formationen zum Trading auswählen müsste, würde ich den Hammer und den Shooting Star, die Engulfing Patterns und die Tower Formationen wählen.

Auf den folgenden Seiten finden Sie neben den Beschreibungen der einzelnen Kerzenformationen auch immer eine Abbildung der jeweiligen Formation. Dabei sind die eigentlichen Kerzen der Formation mit schwarzen und weißen Kerzen eingezeichnet. Davor finden sich häufig Kerzen mit einem grauen Körper. Diese Kerzen sind nicht Teil der eigentlichen Formation, sondern sollen lediglich die Richtung des vorherigen Trends markieren. Die genaue Form dieser Kerzen ist daher für die eigentliche Kerzenformation egal.

Der nachfolgende Teil ist mehr als ein Nachschlagewerk gedacht. Sie müssen sich also nicht alle 34 Kerzenformationen durchlesen und memorieren, um die darauf folgenden Kapitel verstehen zu können. Stattdessen reicht es vollkommen, wenn Sie sich die Beschreibungen von einigen der nachfolgenden Kerzenformationen durchlesen, um ein Gefühl für den Aufbau der Formationen zu bekommen. Sie werden feststellen, dass die Beschreibungen manchmal etwas repetitiv sind. Das liegt einfach daran, dass sich die einzelnen Formationen, gerade im Bezug auf ihre Bedeutung und ihren Einsatz im Trading, im Grunde doch alle etwas ähneln.

Fällt Ihnen zu einem späteren Zeitpunkt in einem Chart eine Kombination von Kerzen auf, von der Sie vermuten, dass sie eine Kerzenformation sein könnte, können Sie diese im folgenden Kapitel nachschlagen. Hier dürfte sich auch die Übersicht am Ende dieses Buches als hilfreich erweisen. In dieser Übersicht finden Sie die Abbildungen von allen in diesem Buch besprochenen Kerzenformationen, sodass Sie die Formationen auch dann finden können, wenn Ihnen der Name der Formation nicht bekannt ist.

Hammer Formation

Die Hammer Formation besteht nur aus einer einzigen Kerze mit einem langen unteren Schatten und einem kleinen Körper im oberen Bereich der Kerze.

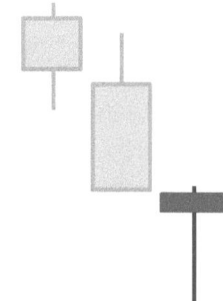

Art der Formation

bullische Umkehrformation

Aufbau der Formation

Die Hammer Formation folgt immer auf eine Abwärtsbewegung. An den Tagen vor der Kerze sind die Kurse also gefallen. In unserer Abbildung wird die Abwärtsbewegung durch die beiden grauen Kerzen angedeutet. Diese beiden Kerzen sind nicht Teil der eigentlichen Formation.

Die eigentliche Hammerkerze ist die letzte Kerze in unserer Abbildung. Wie der Name schon andeutet, hat die Kerze das Aussehen eines Hammers. Der Kopf des Hammers wird durch den kleinen Kerzenkörper im oberen Bereich der Kerze gebildet. Der lange untere Schatten stellt den Stiel des Hammers dar. Damit die Kerze als Hammerkerze gelten kann, sollte der untere Schatten mindestens doppelt so lang sein wie der Kerzenkörper.

Generell ist diese Formation umso aussagekräftiger, je länger der untere Schatten ist. Eine Hammerkerze mit besonders langem Schatten wird auch als Takuri bezeichnet.

Der obere Schatten der Kerze ist entweder nicht vorhanden oder nur sehr klein ausgeprägt. Bei dieser Formation ist es egal, welche Farbe der Körper hat. Der Körper darf also sowohl schwarz als auch weiß gefärbt sein. Auch ein Doji ist möglich.

Bedeutung

Der untere Schatten der Kerze zeigt an, dass es im Verlauf des betrachteten Tages zu einem starken Kurseinbruch gekommen ist. Danach aber setzte der Kurs zu einer starken Gegenbewegung an, sodass er am Tagesende nahe seines Eröffnungskurses geschlossen hat.

Der Kurs hat also einen Punkt erreicht, an dem sich neue Käufer gefunden haben. Der Abwärtstrend ist damit, zumindest auf Tagesbasis, gebrochen.

Trading

Eine Hammer Formation sagt steigende Kurse voraus. Taucht die Formation im Chart einer Aktie auf, würde die Aktie daher gekauft werden, um an einem möglichen Kursanstieg zu partizipieren.

Die meisten Trader würden nicht direkt nach dem Auftauchen der Hammerkerze in einen neuen Trade einsteigen, sondern abwarten, wie sich der Kurs am Folgetag verhält. Ein Einstieg erfolgt nur dann, wenn der Kurs über das Hoch der Hammerkerze steigt. Der Einstieg kann dabei direkt erfolgen, nachdem der Kurs über das alte Hoch gestiegen ist, oder es wird abgewartet, ob die neue Kerze über dem Hoch schließt.

Der folgende Chart einer Aktie zeigt ein typisches Beispiel für eine Hammer Formation. Die Hammerkerze ist die letzte Kerze im Chart.

Vor der Hammerkerze kam es zu einer kurzzeitigen Abwärtsbewegung. Im Verlauf der letzten sieben Kerzen hat sich der Kurs nach unten bewegt. Mit Ausnahme der einzigen weißen Kerze sind die Kurse an allen sieben Tagen gefallen.

Am letzten Tag des Charts hat sich schließlich eine Hammerkerze herausgebildet. Die Kerze hat einen langen unteren Schatten, dagegen sind sowohl der obere Schatten als auch der Körper der Kerze nur klein ausgeprägt.

Da eine Hammer Formation einen Trendwechsel andeutet, ist am Folgetag also mit steigenden Kursen zu rechnen. Gemäß den Trading Regeln für die Hammer Formation würde die Aktie gekauft werden, sobald sich der Kurs über das Hoch der Hammerkerze bewegt hat. Im Chart ist dieser Punkt durch die kleine graue Linie (Pfeil) oberhalb der Hammerkerze markiert.

Der Einstieg kann mithilfe einer Stop Kauforder erfolgen, die knapp oberhalb der grauen Linie platziert wird.

Wie bereits erwähnt, steigen einige Trader nicht schon beim Überspringen der grauen Linie ein, sondern warten ab, ob der Kurs oberhalb dieser Linie schließt.

Shooting Star

Ein Shooting Star ist eine einzelne Kerze mit einem kleinen Körper im unteren Bereich und einem langen oberen Schatten.

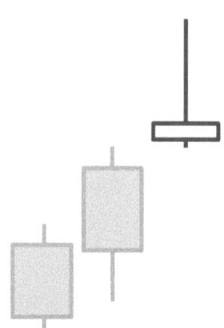

Art der Formation

bearische Umkehrformation

Aufbau der Formation

Ein Shooting Star folgt immer auf eine Aufwärtsbewegung. An den Tagen vor der Kerze kam es also zu einem Kursanstieg.

Als Star wird eine kleine Kerze bezeichnet, die durch eine Kurslücke von der vorherigen Kerze getrennt ist. Nach der engeren Definition dieser Formation muss sich also zwischen der Shooting Star Kerze und ihrer Vorkerze ein Gap befinden (wie in unserer Abbildung). Viele Trader würden die Formation allerdings auch dann traden, wenn sich zwischen den beiden Kerzen kein Gap befindet. In diesem Fall sollte sich die Shooting Star Kerze allerdings im oberen Bereich der Vorkerze befinden.

Charakteristisch für die Shooting Star Kerze ist der lange obere Schatten. Der Schatten sollte mindestens die doppelte Länge des Körpers haben.

Der sehr kleine Körper der Shooting Star Kerze befindet sich im unteren Bereich der Kerze. Bei dieser Formation ist die Farbe des Körpers unwichtig. Der untere Schatten ist entweder nicht vorhanden oder sehr klein.

Bedeutung

An der Form der Shooting Star Kerze kann abgelesen werden, dass es an dem betrachteten Tag zuerst zu einem starken Kursanstieg gekommen ist. Der Kurs setzte also die Aufwärtsbewegung der Vortage zunächst fort.

Dann aber wendete sich das Blatt und die Kurse begannen zu fallen. Am Ende des Tages landete der Kurs wieder im Bereich seines Eröffnungskurses. Es kam also im Verlauf des betrachteten Tages zu einem Trendwechsel.

Trading

Ein Shooting Star stellt häufig den höchsten Punkt einer Aufwärtsbewegung dar und sagt fallende Kurse voraus.

Ein Trader, der eine Aktie besitzt, in deren Chart ein Shooting Star erscheint, sollte daher über den Verkauf der Aktie nachdenken.

Es besteht auch die Möglichkeit, mithilfe einer Short Position nach Auftauchen einer Shooting Star Formation auf fallende Kurse zu spekulieren. Private Trader können beispielsweise mit Put Optionsscheinen, Knock Out Zertifikaten oder CFDs auf einen Kursrückgang setzen.

Der Einstieg in eine Short Position würde erst erfolgen, nachdem der Kurs am Folgetag unter den unteren Schatten des Shooting Stars gefallen ist. Alternativ kann auch erst eingestiegen werden, wenn der Kurs am Folgetag unterhalb des unteren Schattens schließt.

Auch zum Shooting Star sehen wir uns ein Beispiel an.

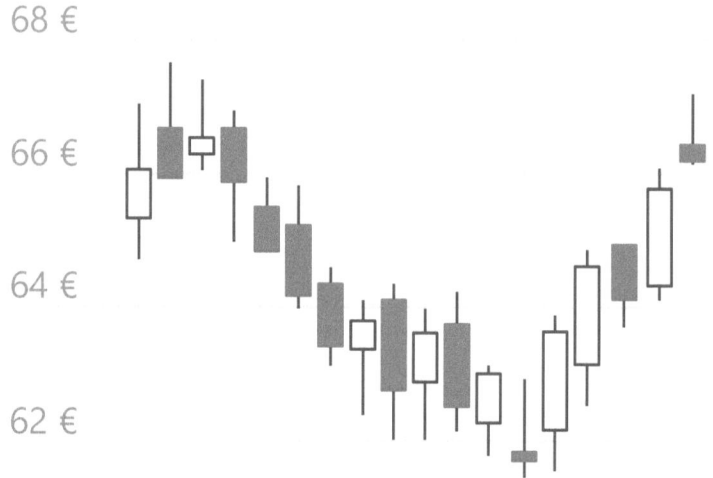

Im Chart oben ist die letzte Kerze im Chart die Shooting Star Kerze.

Vor der Shooting Star Kerze hat sich der Kurs kurzfristig nach oben bewegt. Drei der letzten vier Kerzen vor dem Star sind weiße Kerzen, die alle oberhalb ihrer Vorkerzen geschlossen haben. Die eine schwarze Kerze ist ein Ausreißer und ändert nichts daran, dass sich der Kurs vor der Shooting Star Kerze in einer Aufwärtsbewegung befunden hat.

Am Tag der eigentlichen Shooting Star Kerze hat der Kurs mit einem Sprung nach oben eröffnet. Die Kerze scheint dadurch über ihrer Vorkerze zu schweben. Während des Handels ist der Kurs zuerst stark gestiegen. Dann kam es aber zu einer ebenso starken Gegenbewegung, sodass sich am Ende des Tages ein langer oberer Schatten gebildet hat.

Im Gegensatz zum oberen Schatten ist der untere Schatten fast nicht vorhanden. Der Körper der Kerze ist ebenfalls nur sehr klein, sodass der obere Schatten mehr als zwei Drittel der Gesamtkerze ausmacht. Die Kerze erfüllt damit alle Kriterien für einen Shooting Star.

Fällt der Kurs am Folgetag unter den unteren Schatten der letzten Kerze, kann daher eine Short Position eröffnet werden, um auf fallende Kurse zu spekulieren.

Inverted Hammer

Kurzbeschreibung

Die einzige Kerze der Inverted Hammer Formation ähnelt einem umgedrehten Hammer und befindet sich am Ende eines Abwärtstrends.

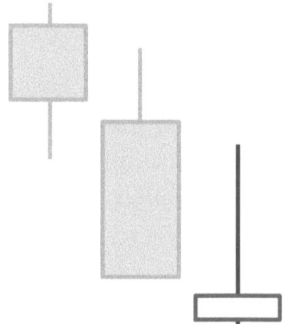

Art der Formation

bullische Umkehrformation

Beschreibung

Wie der Name Inverted Hammer oder umgekehrter Hammer schon verrät, ähnelt das Aussehen der einzigen Kerze dieser Formation einem umgedrehten Hammer.

Der relativ kleine Körper des Inverted Hammers befindet sich im unteren Teil der Kerze. Die Farbe des Kerzenkörpers ist bei dieser Formation egal, auch eine Doji Kerze ist möglich.

Während der untere Schatten nur sehr klein oder gar nicht vorhanden ist, muss der obere Schatten deutlich länger als der Kerzenkörper sein und sollte mindestens zwei Drittel der gesamten Kerze ausmachen.

Im Idealfall eröffnet die Kerze entweder im unteren Bereich der Vorkerze oder sogar unterhalb der vorherigen Kerze.

Die Kerze der Inverted Hammer Formation folgt immer auf eine Abwärtsbewegung. An den Tagen vor der Kerze sind die Kurse also gefallen.

Bedeutung

Wie auch bei der folgenden Hanging Man Formation ist die Inverted Hammer Kerze für sich alleine genommen nicht unbedingt ein Signal für eine Trendwende.

Zwar ist der Kurs innerhalb des betrachteten Tages kurzfristig gestiegen. Allerdings kam es noch am selben Tag zu einem Kursrückgang, sodass der Kurs am Ende des Tages nahe seines Eröffnungskurses geschlossen hat. Solch ein Kursrücksetzer deutet nicht gerade auf steigende Kurse hin.

Die Kerze an sich ist daher nicht als Umkehrsignal zu sehen. Erst wenn der Kurs am Folgetag dreht und sich erneut nach oben bewegt, ist mit einem Kursanstieg zu rechnen. Der Inverted Hammer braucht also eine Bestätigung durch die nachfolgende Kerze.

Trading

Auf keinen Fall sollte daher direkt nach dem Auftauchen einer Inverted Hammer Kerze in eine Long Position eingestiegen werden. Stattdessen wird zunächst nur beobachtet, ob sich der Kurs am Folgetag aufwärts bewegt.

Die meisten Trader würden nur dann eine Kaufposition eröffnen, wenn der Kurs am Tagesende oberhalb der Inverted Hammer Kerze schließt. Der Einstieg erfolgt also erst am Ende der folgenden Kerze.

Hanging Man

Das Hanging Man Pattern besteht aus einer einzelnen Kerze mit langem unterem
Schatten und kleinem Kerzenkörper. Die
Kerze befindet sich am Ende eines Aufwärtstrends.

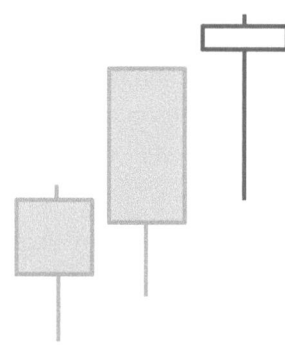

Art der Formation

bearische Umkehrformation

Beschreibung

Die Hanging Man Formation ist das bearische Gegenstück zum Inverted Hammer.

Die Kerze des Hanging Man hat einen kleinen Kerzenkörper im
oberen Teil der Kerze. Bei dieser Formation ist es unwichtig, welche
Farbe der Kerzenkörper hat.

Der untere Schatten der Kerze ist sehr lang und sollte mindestens
die zwei- bis dreifache Länge des Kerzenkörpers haben.

Im Gegensatz dazu ist der obere Schatten entweder nicht vorhanden oder nur sehr klein.

Die Kerze des Hanging Man Pattern hat also exakt dasselbe Aussehen wie die Kerze der Hammer Formation, die Sie schon vorher
kennengelernt haben. Im Unterschied zum Hammer folgt die Kerze
beim Hanging Man Pattern aber nicht auf eine Abwärtsbewegung,
sondern befindet sich am Ende einer Aufwärtsbewegung. Die Kerzen vor der Formation müssen sich also nach oben bewegt haben.

Bedeutung

Die Hanging Man Formation gilt als ein Signal für einen Trendwechsel und kündigt fallende Kurse an. Allerdings benötigt die Formation eine Bestätigung durch eine Folgekerze.

Der lange untere Schatten ist eigentlich kein bearisches Zeichen. Der Schatten des Hanging Man zeigt an, dass der Kurs nach einem Kursrückgang wieder gedreht hat, um danach nahe seines Eröffnungskurses zu schließen.

Die Tatsache, dass sich der Kurs am Ende wieder nach oben bewegen konnte, deutet eher auf eine gewisse Stärke der vorherigen Aufwärtsbewegung hin. Bewegt sich der Kurs am Folgetag weiter nach oben, kann unter bestimmten Bedingungen sogar über einen Kauf nachgedacht werden.

Nur wenn es nach der Hanging Man Kerze zu einem Kursrückgang kommt, kann das Hanging Man Pattern als bearisches Zeichen gesehen werden.

Damit der Hanging Man als Verkaufssignal gelten kann, müssen die Kurse am Tag nach der Hanging Man Kerze also deutlich fallen.

Trading

Der Hanging Man braucht unbedingt eine Bestätigung, bevor in eine Short Position eingestiegen werden kann.

Sehr risikofreudige Trader steigen bereits ein, wenn die Folgekerze deutlich tiefer eröffnet. Die meisten Trader würden aber warten, bis die folgende Kerze deutlich unterhalb der Hanging Man Kerze schließt.

Bullish Belt Hold Pattern

Kurzbeschreibung

Das Bullish Belt Hold Pattern besteht aus einer einzelnen Kerze mit langem, weißem Körper und folgt auf einen Abwärtstrend.

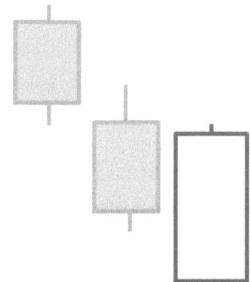

Art der Formation

bullische Umkehrformation

Aufbau der Formation

Vor der Belt Hold Kerze befand sich der Kurs in einer Abwärtsbewegung. Die Kurse sind also an den Tagen vor der Formation gefallen.

Die Belt Hold Kerze eröffnet im unteren Bereich der vorherigen Kerze. Viele Trader verlangen sogar, dass der Eröffnungskurs der neuen Kerze unterhalb des Schlusskurses der Vorkerze liegt. In diesem Fall wäre das Signal stärker, allerdings wird die tiefere Eröffnung nicht immer in der Literatur verlangt.

Nach der Eröffnung bewegt sich der Kurs nach oben und es bildet sich eine lange weiße Kerze heraus.

Die Belt Hold Kerze hat entweder keine oder nur sehr kleine untere und obere Schatten. Der Kurs ist im Tagesverlauf also nie deutlich unter seinen Eröffnungskurs gefallen und hat nah an seinem Höchstkurs geschlossen.

Bedeutung

Die Bullish Belt Hold Kerze markiert einen Trendwechsel. Während die Kurse vor der Kerze gefallen sind, kam es am Tag der Kerze zu einer starken Aufwärtsbewegung, die den Abwärtstrend zumindest kurzfristig unterbricht.

Die Formation ist umso aussagekräftiger, je länger der Körper der weißen Kerze ist. Eine lange Kerze deutet auf eine starke Gegenbewegung hin. Viele Trader, die am Anfang des Tages oder am Vortag eine Short Position aufgebaut haben, sehen sich nun mit einem Verlust konfrontiert und werden bei weiter steigenden Kursen gezwungen sein, ihre Position wieder zu schließen.

Eine Bullish Belt Hold Kerze taucht relativ häufig im Kerzenchart auf. Oft ist die Belt Hold Kerze auch Bestandteil einer größeren Kerzenformation. Beispielsweise haben das Bullish Engulfing Pattern oder das Piercing Pattern eine Belt Hold Kerze als letzte Kerze.

Trading

Die Formation braucht eine Bestätigung. Bevor ein Kauf getätigt wird, sollte daher abgewartet werden, bis der Kurs über das Hoch der Belt Hold Kerze steigt.

Einige Trader würden sogar erst dann in eine neue Trading Position einsteigen, wenn die folgende Kerze über dem Schlusskurs der Belt Hold Kerze schließt.

Bearish Belt Hold Pattern

Kurzbeschreibung

Die Formation besteht aus einer einzelnen schwarzen Kerze, die auf eine Aufwärtsbewegung folgt.

Art der Formation

bearische Umkehrformation

Aufbau der Formation

In den Tagen vor der Bearish Belt Hold Kerze kam es zu einem Kursanstieg.

Die eigentliche Belt Hold Kerze eröffnet entweder oberhalb des Schlusskurses ihrer Vorkerze oder zumindest im oberen Bereich der vorherigen Kerze.

Im weiteren Handelsverlauf beginnen die Kurse dann allerdings zu fallen, sodass sich eine Kerze mit langem schwarzem Kerzenkörper herausbildet. Je länger die schwarze Kerze, desto stärker ist das Chartsignal.

Der obere Schatten der Bearish Belt Hold Kerze ist nicht vorhanden oder nur sehr schwach ausgeprägt. Dies zeigt an, dass sich der Kurs niemals deutlich über den Eröffnungskurs bewegen konnte.

Ebenso ist auch der untere Schatten entweder nicht vorhanden oder nur sehr klein. Der Kurs hat also nahe seines Tiefstkurses geschlossen.

Bedeutung

Die Bearish Belt Hold Kerze zeigt einen Trendwechsel an. Während die Kurse vor der Kerze noch gestiegen sind, kam es am Tag der Kerze zu einem Kursrückgang, der bis zum Ende des Tages anhielt.

Als Kerzenformation, die nur aus einer einzigen Kerze besteht, kommt das Belt Hold Pattern relativ häufig im Chart vor. Eine besondere Aussagekraft hat das Pattern nur, wenn die Belt Hold Kerze eine besonders lange Kerze ist, die eine starke Kursbewegung anzeigt.

Wie die bullische Variante ist auch das Bearish Belt Hold Pattern Bestandteil von größeren Candlestick Formationen. Einige dieser Formationen, wie das Bearish Engulfing Pattern und das Dark Cloud Cover, lernen Sie auf den folgenden Seiten kennen.

Trading

Nach dem Auftauchen einer bearischen Belt Hold Kerze ist mit fallenden Kursen zu rechnen. Eine bestehende Long Position sollte also verkauft werden. Des Weiteren kann mithilfe einer Short Position auf fallende Kurse gesetzt werden.

Das Auftauchen eines Bearish Belt Hold Pattern ist zunächst einmal als Warnsignal zu verstehen. Erst wenn der Kurs am Folgetag unter das Tief der Belt Hold Kerze fällt, sollten ein Verkauf bzw. das Eröffnen einer Short Position in Erwägung gezogen werden.

Bullish Engulfing Pattern

Kurzbeschreibung

Das Bullish Engulfing Pattern besteht aus einer kleineren schwarzen Kerze und einer folgenden weißen Kerze, die die erste Kerze vollständig umklammert.

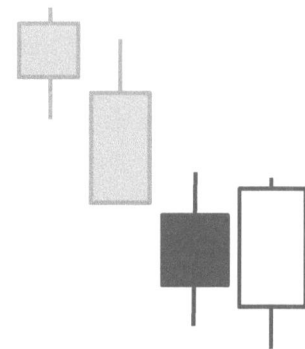

Art der Formation

bullische Umkehrformation

Aufbau der Formation

Die Formation besteht aus zwei aufeinanderfolgenden Kerzen und folgt auf eine Abwärtsbewegung.

Die erste Kerze der Formation ist eine Kerze mit einem schwarzen Kerzenkörper. Auf die erste Kerze folgt eine größere Kerze mit weißem Körper. Der Körper der zweiten Kerze ragt auf beiden Seiten über den Körper der ersten Kerze hinaus. Das bedeutet, dass die weiße Kerze unterhalb des Schlusskurses der schwarzen Kerze eröffnet und oberhalb des Eröffnungskurses der schwarzen Kerze schließt.

Beim Engulfing Pattern werden nur die Körper der beiden Kerzen betrachtet. Die Schatten der ersten Kerze müssen also nicht vom Körper der zweiten Kerze umklammert werden, sondern dürfen auch über diesen hinausragen.

Bedeutung

Die erste Kerze ist als schwarze Kerze noch Teil der vorherigen Abwärtsbewegung. Auch am folgenden Tag sieht es zunächst so aus, als würde sich der Abwärtstrend weiter fortsetzen, da die Kerze mit einem Sprung nach unten eröffnet.

Dann aber gelingt es dem Kurs, sich zu erholen und er kann die Verluste des Vortags wieder wettmachen. Am Ende des Tages schließt der Kurs oberhalb des Eröffnungskurses des Vortages.

Innerhalb der beiden Tage ist es also zu einer Trendumkehr gekommen. Das Bullish Engulfing Pattern sagt daher das Ende des vorherigen Abwärtstrends und den Beginn einer Aufwärtsbewegung voraus.

Trading

Die Formation sagt steigende Kurse voraus. Nach dem Auftauchen eines Bullish Engulfing Patterns wird daher eine Kaufposition eröffnet und auf steigende Kurse spekuliert.

Ein Kauf erfolgt in der Regel am Folgetag, sobald der Kurs über das Hoch der weißen Kerze steigt. Häufig wird dazu eine Stop Buy Order kurz oberhalb des oberen Schattens platziert.

Bearish Engulfing Pattern

<u>Kurzbeschreibung</u>

Das Bearish Engulfing Pattern besteht aus einer weißen Kerze, deren Kerzenkörper von der nachfolgenden schwarzen Kerze vollständig umfasst wird.

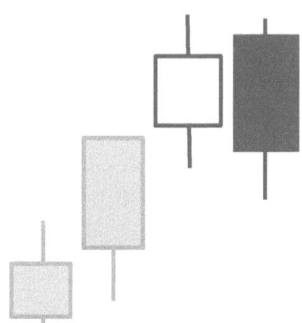

<u>Art der Formation</u>

bearische Umkehrformation

<u>Aufbau der Formation</u>

Das Bearish Engulfing Pattern befindet sich immer am Ende einer Aufwärtsbewegung und besteht aus zwei aufeinanderfolgenden Kerzen.

Die erste Kerze des Patterns ist eine weiße Kerze. Als Nächstes folgt eine schwarze Kerze, deren Kerzenkörper den Körper der ersten Kerze vollständig umklammert. Das bedeutet, dass der Körper der zweiten Kerze auf beiden Seiten über den Körper der ersten Kerze hinausragt.

Die zweite Kerze eröffnet also oberhalb des Schlusskurses der weißen Kerze und schließt unterhalb des Eröffnungskurses der weißen Kerze.

Im Gegensatz zum Kerzenkörper müssen die Schatten der ersten Kerze nicht vom Kerzenkörper der zweiten Kerze umklammert werden.

Bedeutung

Ein Bearish Engulfing Pattern sagt das Ende des vorherigen Aufwärtstrends und den Beginn einer neuen Abwärtsbewegung voraus. Der Trendwechsel findet bei diesem Pattern innerhalb der Candlestick Formation statt.

Die Eröffnung der zweiten Kerze oberhalb des Schlusskurses der ersten Kerze deutet noch auf eine Fortsetzung des vorherigen Aufwärtstrends hin.

Dann aber wendet sich das Blatt und der Kurs beginnt zu fallen. Am Ende des zweiten Tages hat der Kurs sämtliche Gewinne des vorherigen Tages wieder abgegeben und schließt unterhalb des Eröffnungskurses des Vortags. Anleger, die am Vortag gekauft haben, sitzen nun auf einer Verlustposition. Einige von ihnen werden daher versuchen, ihre Position zu verkaufen, um so ihre Verluste zu begrenzen.

Trading

Taucht ein Bearish Engulfing Pattern im Chart auf, sollte eine bereits bestehende Long Position verkauft werden. Gleichzeitig kann mit Hilfe einer Short Position auf fallende Kurse spekuliert werden.

Der Einstieg in eine Short Position erfolgt dabei erst, nachdem sich der Kurs am folgenden Tag unter den unteren Schatten der roten Kerze bewegt hat.

Piercing Pattern

Kurzbeschreibung

Das Piercing Pattern besteht aus zwei Kerzen, bei denen die zweite Kerze zwar unterhalb der ersten Kerze eröffnet, aber innerhalb der ersten Kerze schließt.

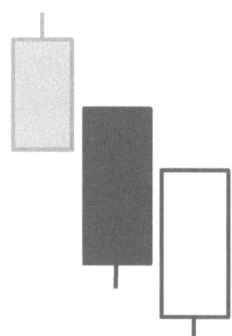

Art der Formation

bullische Umkehrformation

Aufbau der Formation

Die Formation besteht aus zwei Kerzen und folgt auf eine Abwärtsbewegung.

Die erste Kerze des Piercing Patterns ist eine schwarze Kerze mit langem Kerzenkörper und kleinen Schatten.

Am Folgetag eröffnet der Kurs mit einem Abwärtsgap. Der Eröffnungskurs der Folgekerze liegt also unter dem unteren Schatten der ersten Kerze.

Im Anschluss daran beginnen die Kurse dann aber zu steigen, sodass das Gap wieder geschlossen werden kann. Am Ende schließt der Kurs oberhalb der Mitte der ersten Kerze.

Die zweite Kerze des Piercing Patterns ist also eine Kerze mit einem langen weißen Körper, der unterhalb des Tiefs der schwarzen Kerze beginnt und weit in den Körper der ersten Kerze hineinragt.

Bedeutung

Zum Beginn der Formation sah es noch so aus, als würde sich der Abwärtstrend weiter fortsetzen. Nachdem der Kurs am ersten Tag stark gefallen war, gingen viele Anleger davon aus, dass der Kurs auch am folgenden Tag seine Abwärtsbewegung fortsetzen würde. Daher kam es zu Beginn des zweiten Tages zu einem Gap nach unten.

Die Erwartungen der Anleger bestätigten sich dann aber im weiteren Verlauf des Handels nicht und der Kurs begann stattdessen zu steigen. Anleger, die zu Beginn des zweiten Tages auf fallende Kurse spekuliert hatten, sahen sich nun unerwartet mit einem Verlust konfrontiert und begannen ihre Short Position einzudecken. Dies führte zu weiter steigenden Kursen.

Viele Short Spekulanten sind nach dem Auftauchen der Formation verunsichert, weswegen auch in den kommenden Tagen eher mit steigenden Kursen zu rechnen ist.

Trading

Das Piercing Pattern sagt einen Kursanstieg voraus. Ein Anleger, der das Pattern im Chart einer Aktie entdeckt, würde die Aktie daher in Erwartung steigender Kurse kaufen.

Der Kauf erfolgt dabei erst, nachdem die Aktie am Folgetag über den höchsten Kurs der weißen Kerze gestiegen ist. Einige Trader steigen sogar nur dann in eine Trading Position ein, wenn die neue Kerze über dem Körper der schwarzen Kerze schließt.

Dark Cloud Cover

Kurzbeschreibung

Beim Dark Cloud Cover eröffnet der Kurs der zweiten Kerze mit einem Aufwärtsgap. Dann fällt der Kurs aber wieder zurück und schließt am Ende innerhalb des Kerzenkörpers der ersten Kerze.

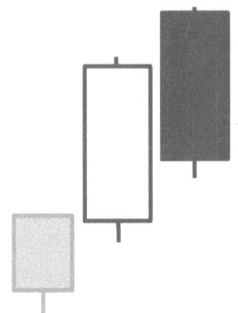

Art der Formation

bearische Umkehrformation

Aufbau der Formation

Das Dark Cloud Cover folgt auf einen Aufwärtstrend.

Die erste Kerze des Dark Cloud Cover ist eine weiße Kerze mit einem langen Körper.

Die folgende schwarze Kerze eröffnet mit einer Kurslücke oberhalb des oberen Schattens der weißen Kerze. Im weiteren Handelsverlauf fällt der Kurs aber wieder zurück, sodass der Körper der zweiten Kerze am Tagesende weit in den Kerzenkörper der ersten Kerze hineinragt.

Viele Trader verlangen, dass die schwarze Kerze unterhalb der Mitte des Kerzenkörpers der ersten Kerze schließt, bevor die Formation als Dark Cloud Cover bezeichnet werden kann.

Bedeutung

Das Dark Cloud Cover ist das bearische Gegenstück zum Piercing Pattern.

Nachdem der Kurs am ersten Tag stark gestiegen ist, gehen viele Investoren von weiter steigenden Kursen aus. Einige von ihnen platzieren daher schon vor Börseneröffnung Kauforders, sodass die folgende Kerze mit einem Gap nach oben eröffnet.

Dann aber beginnen die Kurse zu fallen und die morgendlichen Käufer befinden sich plötzlich in einer Verlustposition.

Die ersten Käufer beginnen nun, ihre Positionen wieder zu verkaufen, um ihre Verluste zu begrenzen. Dadurch kommt der Kurs weiter ins Rutschen, was wiederum weitere Verkäufe nach sich zieht. Die Abwärtsbewegung setzt sich fort und auch für die kommenden Tage ist dadurch eher mit fallenden Kursen zu rechnen.

Trading

Das Dark Cloud Cover deutet auf den Beginn einer Abwärtsbewegung hin.

Ein Dark Cloud Cover im Chart einer Aktie ist ein Warnsignal für alle Anleger, die die Aktie halten. Fällt der Kurs unter das Tief der schwarzen Kerze, sollte über einen Verkauf nachgedacht werden.

Trader, die mit Hilfe einer Short Position auf fallende Kurse spekulieren wollen, sollten damit warten, bis sich der Kurs am Folgetag unter den unteren Schatten bewegt.

Bullish Counterattack Pattern

Kurzbeschreibung

Beim Bullish Counterattack Pattern eröffnet der Kurs am zweiten Tag mit einem Abwärtsgap, bewegt sich dann aber wieder zum Schlusskurs der Vorkerze zurück.

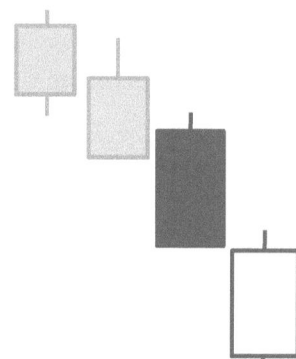

Art der Formation

bullische Umkehrformation

Aufbau der Formation

Das Besondere beim Bullish Counterattack Pattern ist, dass zwei aufeinanderfolgende Kerzen zum selben Schlusskurs schließen, obwohl der Kurs bei der ersten Kerze gefallen ist, während er bei der zweiten Kerze gestiegen ist.

Beim Bullish Counterattack Pattern ist die erste Kerze eine schwarze Kerze mit langem Kerzenkörper.

Am folgenden Tag eröffnet der Kurs mit einer großen Kurslücke unterhalb der ersten Kerze. Der Eröffnungskurs der neuen Kerze liegt also deutlich unterhalb des Schlusskurses und des Tiefstkurses der vorherigen Kerze.

Dann aber beginnt der Kurs zu steigen, sodass sich eine lange weiße Kerze herausbildet. Am Ende des Tages schließt die zweite Kerze (mehr oder weniger) genau zum Schlusskurs der Vorkerze. Die untere waagerechte Linie des schwarzen Kastens liegt also auf der gleichen Höhe wie die obere waagerechte Linie des folgenden weißen Kastens.

Die Bullish Counterattack Formation befindet sich immer am Ende einer Aufwärtsbewegung.

Bedeutung

Die Kurslücke am zweiten Tag der Formation deutet darauf hin, dass viele Anleger mit fallenden Kursen gerechnet haben.

Auf die Trader, die auf fallende Kurse spekulieren wollten, wartete dann aber eine böse Überraschung. Anstatt weiter zu fallen, bewegten sich die Kurse nach der Kurseröffnung plötzlich wider Erwarten nach oben. Wer am Anfang des Tages eine Short Position eröffnet hatte, hielt nun plötzlich eine Verlustposition. Daraufhin begannen die ersten Trader, ihre Positionen wieder zu schließen. Trader, die die Aktie leerverkauft hatten, um so an fallenden Kursen zu verdienen, mussten dazu die geliehenen Aktien wieder zurückkaufen. Dies führte zu einem Anstieg der Nachfrage nach der Aktie und als Konsequenz daraus zu weiter steigenden Kursen.

Trading

Ein Bullish Counterattack Pattern sagt einen Trendwechsel und steigende Kurse voraus. Erscheint diese Kursformation im Chart einer Aktie, würde diese Aktie also gekauft werden.

Der Kauf erfolgt erst, wenn der Kurs entweder über den Höchstkurs der weißen Kerze steigt oder der Kurs sogar am Folgetag oberhalb des Hochs der weißen Kerze schließt.

Bearish Counterattack Pattern

Kurzbeschreibung

Bei einem Bearish Counterattack Pattern schließt eine lange schwarze Kerze zum selben Schlusskurs wie ihre weiße Vorkerze.

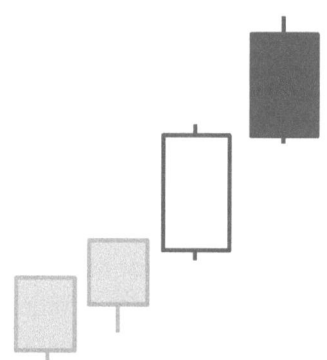

Art der Formation

bearische Umkehrformation

Aufbau der Formation

Vor der Formation befand sich der Kurs in einer Aufwärtsbewegung.

Die erste Kerze des Bearish Counterattack Patterns ist eine weiße Kerze mit langem Kerzenkörper.

Am Folgetag springt der Kurs gleich zur Handelseröffnung nach oben und eröffnet mit einer deutlichen Aufwärtskurslücke. Der Eröffnungskurs liegt also deutlich über dem Höchstkurs der vorherigen Kerze.

Nach der sprunghaften Eröffnung beginnen die Kurse aber wieder zu fallen, sodass der Kurs am Tagesende genau auf Höhe des vorherigen Schlusskurses aus dem Handel geht. Die untere waagerechte Linie des schwarzen Kerzenkörpers liegt dadurch exakt auf der gleichen Höhe wie die obere Linie des vorherigen weißen Kerzenkörpers.

Bedeutung

Wie schon die bullische Variante zeigt auch das Bearish Counterattack Pattern an, dass einige Anleger auf dem falschen Fuß erwischt wurden.

Am zweiten Tag der Formation wurden schon vor der Börseneröffnung eine ganze Reihe von Kauforders aufgegeben, sodass es gleich bei der Eröffnung zu einer starken Kurslücke nach oben gekommen ist.

Dann aber begannen die Kurse zu fallen und die Anleger, die gleich zur Handelseröffnung eingestiegen waren, sahen sich plötzlich mit Verlusten konfrontiert.

Nachdem die ersten Anleger ihre Verlustpositionen geschlossen hatten, setzte der Kurs seine Abwärtsbewegung weiter fort, sodass der Kurs am Tagesende seine ganzen Gewinne wieder abgegeben hatte.

Zu großen Kurslücken kommt es häufig, wenn Unternehmen vor Börseneröffnung positive Unternehmenszahlen veröffentlichen. Die Aktie springt dann nach diesen Meldungen zunächst einmal nach oben, fällt danach aber wieder zurück, weil keine weiteren Anschlusskäufe erfolgen.

Ein solcher Kursrückgang ist als extrem bearisches Zeichen zu werten, da der Kurs selbst nach einer positiven Meldung nicht mehr steigen kann.

Trading

Nach dem Auftauchen des Bearish Counterattack Patterns ist mit fallenden Kursen zu rechnen. Ein Trader kann mit Hilfe einer Short Position auf einen Kursrückgang setzen. Die Short Position wird erst eröffnet, wenn der Kurs unter den unteren Schatten der schwarzen Kerze fällt. Vorsichtigere Trader können auch abwarten, ob der Kurs unterhalb des unteren Schattens schließt.

Bullish Harami Pattern

Das Bullish Harami Pattern besteht aus
einer langen schwarzen Kerze, deren
Kerzenkörper den Kerzenkörper der folgenden Kerze vollständig umklammert.

Art der Formation

bullische Umkehrformation

Aufbau der Formation

Harami ist das japanische Wort für
schwanger. Die Kerzenformation hat ihren Namen erhalten, weil
die beiden Kerzen an eine Schwangere mit ihrem Kind erinnern.
Die lange Kerze symbolisiert die Mutter, während die kleine Kerze
das ungeborene Kind ist, welches von der Mutter in ihrem Bauch
vor sich hergetragen wird.

Bei der bullischen Variante des Harami Patterns ist die erste Kerze der Formation eine schwarze Kerze mit einem langen Kerzenkörper.

Auf die schwarze Kerze folgt eine zweite Kerze, deren Kerzenkörper deutlich kleiner ist als der Körper der ersten Kerze. Der Eröffnungskurs der zweiten Kerze befindet sich ebenso wie der Schlusskurs innerhalb des Kerzenkörpers der Vorkerze. Dadurch ragt der
Körper der schwarzen Kerze an beiden Seiten über den Körper der
zweiten Kerze heraus.

Im Gegensatz zur ersten Kerze ist es bei der zweiten Kerze nicht
wichtig, ob die Kerze weiß oder schwarz gefärbt ist. Ebenso ist es
egal, ob sich die Schatten der zweiten Kerze innerhalb oder außer-

halb des Körpers der ersten Kerze befinden.

Das Bullish Harami Pattern folgt immer auf eine Abwärtsbewegung.

<u>Bedeutung</u>

Nach der Abwärtsbewegung der vorherigen Tage kommt es in Form der zweiten Kerze zu einer kleinen Beruhigung. Die vorherige Bewegung ist zumindest kurzfristig unterbrochen.

Das Bullish Harami Pattern kann daher als ein erstes Zeichen für ein Abschwächen des vorherigen Trends angesehen werden. Allerdings ist es noch zu früh, um von einem Trendwechsel auszugehen. In vielen Fällen bewegt sich der Kurs an den Folgetagen einfach weiter nach unten und setzt seinen Abwärtstrend fort.

Bevor von einem Trendwechsel gesprochen werden kann, muss daher die Entwicklung an den folgenden Tagen abgewartet werden. Nur wenn sich der Kurs nach dem Harami Pattern höher bewegt, kann das Pattern als Umkehrsignal angesehen werden.

<u>Trading</u>

Das Bullish Harami Pattern benötigt also eine Bestätigung, bevor auf steigende Kurse spekuliert werden kann.

Trader, die das Chartsignal handeln wollen, warten daher ab, ob die Kerze nach dem Bullish Harami Pattern über dem Körper der letzten Kerze des Patterns schließt. Das Pattern muss also durch eine Folgekerze bestätigt werden.

Bearish Harami Pattern

Beim Bearisch Harami umklammert eine lange weiße Kerze eine kleinere Folgekerze.

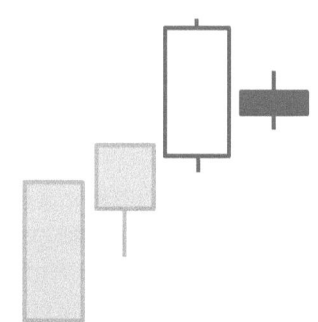

Art der Formation

bearische Umkehrformation

Aufbau der Formation

Das Bearish Harami Pattern besteht aus zwei aufeinanderfolgenden Kerzen und folgt auf einen Aufwärtstrend.

Die erste Kerze des Patterns ist eine weiße Kerze mit langem Kerzenkörper.

Als Zweites folgt eine kleinere Kerze, deren Kerzenkörper sich vollständig innerhalb des Kerzenkörpers der ersten Kerze befindet. Die Spanne aus Eröffnungskurs und Schlusskurs der zweiten Kerze liegt also innerhalb der Spanne aus Eröffnungskurs und Schlusskurs der ersten Kerze.

Das bedeutet, dass die zweite Kerze mit einem Aufwärtsgap eröffnet und unterhalb des Schlusskurses der ersten Kerze geschlossen hat.

Im Gegensatz zum Körper müssen sich die Schatten der zweiten Kerze nicht innerhalb der ersten Kerze befinden.

Bei der zweiten Kerze ist die Farbe der Kerze egal. Auch ein Doji ist möglich, in diesem Fall spricht man von einem Bearish

Harami Cross.

<u>Bedeutung</u>

Ein Bearish Harami Pattern sagt das Ende des vorherigen Aufwärtstrends und fallende Kurse voraus.

Harami Patterns sind zwar recht bekannte Candlestick Formationen, haben aber nur eine mittelmäßige Prognosekraft, wenn es darum geht, Trendwechsel vorauszusagen. In vielen Fällen bewegt sich der Kurs nach einem Harami einfach in die vorherige Richtung weiter.

Nach dem Auftauchen eines Bearish Harami Pattern sollte daher abgewartet werden, wie sich der Kurs am Folgetag verhält.

<u>Trading</u>

Die Harami Formation braucht eine Bestätigung, bevor auf fallende Kurse spekuliert werden kann.

Einigen Tradern reicht es, wenn der Kurs am Folgetag unter dem Körper der zweiten Harami Kerze eröffnet. In den meisten Fällen wird aber abgewartet, ob der Kurs unterhalb der zweiten Kerze schließt.

Harami Cross

Das Harami Cross ist eine Sonderform des Harami Pattern, bei dem die letzte Kerze der Formation eine Doji Kerze ist.

Art der Formation

Umkehrformation

Aufbau der Formation

Wie schon in der Kurzbeschreibung erwähnt, gleicht das Harami Cross vollständig einer normalen Harami Formation, mit dem einzigen Unterschied, dass die zweite Kerze eine Doji Kerze ist.

Bei der letzten Kerze der Formation entspricht der Schlusskurs also dem Eröffnungskurs, sodass die Kerze statt eines Kerzenkörpers nur eine waagerechte Linie hat.

Vom Harami Cross gibt es zwei Varianten, eine bullische Variante und eine bearische Variante.

In der Abbildung oben sehen Sie die bullische Variante. Beim Bullish Harami Cross ist die erste Kerze des Patterns eine Kerze mit einem langen schwarzen Kerzenkörper, der die folgende Doji Kerze umklammert. Das Bullisch Harami Cross folgt auf eine Abwärtsbewegung.

Im Gegensatz dazu findet sich das Bearish Harami Cross immer am Ende einer Aufwärtsbewegung. Bei dieser Variante umklammert eine lange Kerze mit weißem Kerzenkörper die folgende Doji Kerze.

Bedeutung

Da ein Harami Cross nur eine Sonderform der normalen Harami Formation ist, hat auch das Auftauchen eines Haramis Cross dieselbe Bedeutung wie das Erscheinen einer normalen Harami Formation.

Eine Bullish Harami Cross Formation ist ein erstes Zeichen für das bevorstehende Ende des aktuellen Abwärtstrends.

Erscheint ein Bearish Harami Cross im Chart, kann das auf einen Trendwechsel hinweisen und auf einen kommenden Kursanstieg hindeuten.

Trading

Wie alle Harami Formationen benötigt auch das Harami Cross eine Bestätigung, bevor in eine neue Trading Position eingestiegen werden kann.

Beim Bullish Harami Cross sollte nur dann ein Kauf getätigt werden, wenn die Kerze des Folgetages eine weiße Kerze ist, die deutlich über dem Doji schließt.

Beim Bearish Harami muss die Folgekerze unterhalb des Doji schließen, ehe in eine Short Position eingestiegen werden kann.

Three Inside Up Pattern

Kurzbeschreibung

Beim Three Inside Up Pattern folgen
auf eine lange schwarze Kerze zwei
weiße Kerzen, die sich in die Gegenrichtung bewegen.

Art der Formation

bullische Umkehrformation

Aufbau der Formation

Vor dem Three Inside Up Pattern sind die Kurse gefallen. Auch die
erste Kerze der Formation ist noch Teil der Abwärtsbewegung und
hat einen langen schwarzen Kerzenkörper.

Die zweite Kerze des Patterns ist eine weiße Kerze, die oberhalb
des Schlusskurses der ersten Kerze eröffnet und unterhalb des Eröffnungskurses der schwarzen Kerze schließt. Dadurch befindet
sich der Kerzenkörper der weißen Kerze vollkommen innerhalb des
Kerzenkörpers der ersten Kerze. Die beiden Kerzen bilden also eine
Bullish Harami Formation, die Sie bereits einige Seiten zuvor kennengelernt haben.

Die letzte Kerze des Patterns ist eine zweite weiße Kerze mit einem langen Kerzenkörper. Diese Kerze schließt oberhalb des Schattens der ersten Kerze. Der Schlusskurs der letzten Kerze liegt damit
über dem Höchstkurs der ersten Kerze.

Bedeutung

Dies ist eine der wenigen Kerzenformationen, die ihren Ursprung nicht in Japan haben. Stattdessen wurde diese Formation erst vor wenigen Jahren von Gregory Morris (2006) vorgestellt.

Im Abschnitt über das Bullish Harami Pattern haben Sie bereits gelernt, dass das Harami Pattern nur dann als Umkehrsignal gilt, wenn die auf das Pattern folgende Kerze oberhalb der zweiten Kerze schließt. Das Three Inside Up Pattern ist also quasi ein Bullish Harami Pattern mit der nachfolgenden Kerze als Bestätigung. Folglich sagt das Three Inside Up Pattern eine Trendumkehr und steigende Kurse voraus.

Trading

Nach dem Erscheinen einer Three Inside Up Formation würde auf steigende Kurse spekuliert werden. Ein Kauf erfolgt entweder am Ende der dritten Kerze oder am Folgetag, sobald der Kurs über dem Hoch der dritten Kerze notiert.

Three Inside Down Pattern

Diese Kerzenformation besteht aus drei
Kerzen, von denen die letzte Kerze eine
schwarze Kerze ist, die unterhalb der
beiden anderen Kerzen schließt.

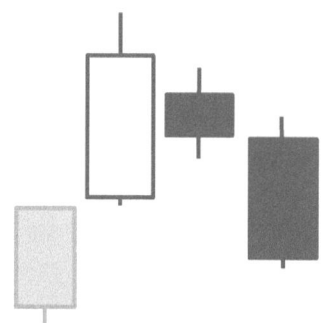

Art der Formation

bearische Umkehrformation

Aufbau der Formation

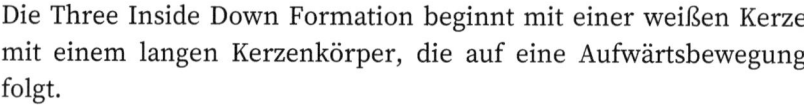

Die Three Inside Down Formation beginnt mit einer weißen Kerze
mit einem langen Kerzenkörper, die auf eine Aufwärtsbewegung
folgt.

Als Zweites folgt eine kleine schwarze Kerze, die mit einem Abwärtsgap eröffnet und oberhalb des Eröffnungskurses der ersten
Kerze schließt. Der Kerzenkörper der zweiten Kerze befindet sich
dadurch vollkommen innerhalb des Körpers der ersten Kerze.

Als Letztes folgt eine zweite schwarze Kerze. Diese Kerze hat einen langen Kerzenkörper und schließt unterhalb des Schattens der
ersten Kerze. Das untere Ende des Kerzenkörpers der letzten Kerze
befindet sich damit also unterhalb der Kerzenkörper der beiden vorherigen Kerzen.

Bedeutung

Im Verlauf des Three Inside Down Patterns dreht der Kurs von einer Aufwärtsbewegung in eine Abwärtsbewegung.

Die erste Kerze der Formation ist als weiße Kerze noch Teil der vorherigen Aufwärtsbewegung.

Mit der zweiten Kerze kommt es bereits zu einer ersten Unterbrechung der Trendbewegung. Dem Kurs gelingt es an diesem Tag nicht, sich weiter aufwärts zu bewegen.

Am dritten Tag geht der Kurs schließlich in Form der langen schwarzen Kerze in eine Abwärtsbewegung über. Alle Anleger, die am Tag der ersten Kerze in eine Kaufposition eingestiegen sind, halten nun eine Verlustposition.

Trading

Die Formation sagt fallende Kurse voraus. Taucht eine Three Inside Down Formation im Chart einer Aktie auf, sollte eine bestehende Position verkauft werden.

Daneben kann mithilfe einer Short Position auf fallende Kurse spekuliert werden. In diesem Falle erfolgt der Einstieg entweder am Ende der letzten Kerze oder am folgenden Tag, falls der Kurs unter das Tief der letzten Kerze der Formation fällt.

Morning Star

Kurzbeschreibung

Bei einer Morning Star Formation folgt
auf eine lange schwarze Kerze eine kleinere Kerze, die mit einem Abwärtsgap eröffnet. Als letzte Kerze folgt eine lange
weiße Kerze.

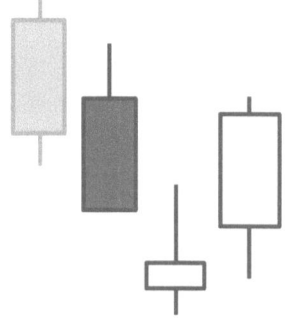

Art der Formation

bullische Umkehrformation

Aufbau der Formation

Der Morning Star Formation gehen immer fallende Kurse voraus.

Die erste Kerze der Formation ist eine schwarze Kerze mit langem Kerzenkörper.

Danach folgt eine Kerze, die mit einer Lücke nach unten eröffnet
und auch unterhalb des Schlusskurses der ersten Kerze schließt. Am
Ende des Tages schwebt der Körper der zweiten Kerze also unterhalb des Körpers der ersten Kerze. Bei dieser Formation reicht es
aus, wenn sich zwischen den beiden Kerzenkörpern eine Lücke befindet. Die Schatten der beiden Kerzen dürfen sich hingegen überlappen.

Bei der zweiten Kerze der Morning Star Formation handelt es
sich um eine Kerze mit kleinem Körper. Die Farbe der Kerze ist bei
dieser Kerze egal. Handelt es sich bei der Kerze um ein Doji, wird
die Formation als Morning Doji Star bezeichnet.

Die letzte Kerze ist eine weiße Kerze mit langem Kerzenkörper,
die mit einer Kurslücke nach oben eröffnet. Je weiter diese Kerze in

den Kerzenkörper der ersten Kerze hineinragt, desto stärker ist das Chartsignal.

<u>Bedeutung</u>

Das Morning Star Pattern wird zusammen mit der im nächsten Abschnitt folgenden Evening Star Formation auch als Three River Pattern bezeichnet. Das Three River Pattern gehört zu einer Gruppe von fünf Candlestick Formationen, die auch als Sakata's Five Methods bezeichnet werden. All diesen Formationen ist gemein, dass sie aus drei Kerzen bestehen.

Beim Morning Star Pattern kommt es im Verlauf der drei Kerzen zu einem Trendwechsel.

Die erste Kerze ist noch Teil der Abwärtsbewegung. Am zweiten Tag eröffnet der Tag mit einem Abwärtsgap, was zuerst auf weiter fallende Kurse hindeutet. Allerdings gelingt es dem Kurs dann im weiteren Handel nicht, sich deutlich nach unten abzusetzen. Mit der dritten Kerze kommt es schließlich zu einem klaren Trendumschwung.

<u>Trading</u>

Das Morning Star Pattern sagt steigende Kurse voraus. Ein Kauf erfolgt entweder am Ende der dritten Kerze oder am folgenden Tag, sobald sich der Kurs über das Hoch der letzten Kerze bewegt hat. Sehr vorsichtige Trader warten erst ab, ob die folgende Kerze am nächsten Tag über der dritten Kerze schließt.

Evening Star

Die Evening Star Formation ist eine Umkehrformation, bei der die mittlere Kerze
durch ein oder zwei Gaps von der vorherigen und der nachfolgenden Kerze abgetrennt ist.

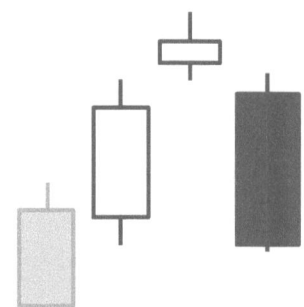

Art der Formation

bearische Umkehrformation

Aufbau der Formation

Die Evening Star Formation besteht aus drei Kerzen, die auf einen
Aufwärtstrend folgen. Die erste Kerze der Formation ist eine weiße
Kerze mit einem langen Kerzenkörper.

Auf diese Kerze folgt eine Kerze mit einem kleinen Körper. Der
Körper dieser Kerze darf sowohl schwarz als auch weiß gefärbt sein.
Auch ein Doji ist möglich. In diesem Fall wird diese Formation als
Evening Doji Star bezeichnet.

Zwischen der ersten und der zweiten Kerze befindet sich eine Lücke. Der Kerzenkörper der zweiten Kerze liegt dabei über dem Kerzenkörper der ersten Kerze. Wie auch schon bei der Morning Star
Formation reicht es auch hier aus, wenn sich zwischen den beiden
Kerzenkörpern eine Lücke befindet. Die Schatten der beiden Kerzen
dürfen sich hingegen überlappen.

Als letzte Kerze folgt eine Kerze mit einem langen schwarzen
Körper, der weit in die erste Kerze hineinragt. Idealerweise eröffnet
die dritte Kerze mit einer Kurslücke unterhalb der mittleren Kerze.

Bedeutung

Die Formation ist eine klassische drei Kerzen Umkehr.

Bei der ersten Kerze befindet sich der Kurs noch in einem Aufwärtstrend.

Die zweite Kerze ist ein erstes Warnsignal, das anzeigt, dass der Trend gestört sein könnte. Am Anfang des Tages sieht es noch gut für den Aufwärtstrend aus. Der Kurs eröffnet mit einem Gap nach oben, was darauf hinweist, dass viele Anleger mit weiter steigenden Kursen rechnen. Von da an gelingt es dem Kurs aber nicht mehr, deutlich weiter zu steigen, sodass der Kurs am Ende nicht weit von seinem Eröffnungskurs schließt.

Solche kleinen Kerzen finden sich in einer Trendbewegung allerdings immer wieder, ohne dass dies direkt zu einem Trendwechsel führen muss. Mit der letzten Kerze ändert sich diese Situation aber. Sowohl das zweite Gap als auch die lange schwarze Kerze zeigen starken Verkaufsdruck an. Der vorherige Aufwärtstrend ist nun klar gebrochen und es muss von weiter fallenden Kursen ausgegangen werden.

Je länger der Körper der letzten Kerze, desto stärker ist das Abwärtssignal. Auch ein langer oberer Schatten bei der zweiten Kerze kann das Signal verstärken, da er zeigt, dass der Trendwechsel schon im Verlauf der zweiten Kerze eingesetzt hat.

Trading

Nach dem Erscheinen einer Evening Star Formation kann auf fallende Kurse spekuliert werden. Ein Einstieg in eine Short Position erfolgt am Ende des dritten Tages oder am Folgetag, sobald der Kurs unter das Tief der Vorkerze fällt.

Bullish Abandoned Baby Pattern

Kurzbeschreibung

Beim Bullish Abandoned Baby Pattern ist eine Doji Kerze sowohl von der vorherigen als auch von der nachfolgenden Kerze durch eine Kurslücke getrennt.

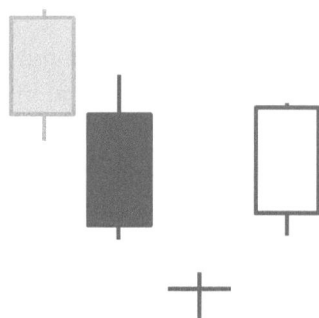

Art der Formation

bullische Umkehrformation

Aufbau der Formation

Die erste Kerze des Patterns ist eine schwarze Kerze mit einem langen Kerzenkörper, die auf eine Abwärtsbewegung folgt.

Am folgenden Tag eröffnet der Kurs mit einer Kurslücke unterhalb der vorherigen Kerze. Die zweite Kerze ist eine Doji Kerze, die statt eines Kerzenkörpers eine waagerechte Linie hat.

Während es am ersten Tag eine Kurslücke nach unten gab, kommt es am dritten Tag zu einer Kurslücke nach oben. Dadurch ist die Doji Kerze von den beiden über ihr liegenden Kerzen vollständig abgeschnitten.

Nach der Gaperöffnung bewegen sich die Kurse am dritten Tag weiter nach oben, sodass die Kerze einen langen weißen Kerzenkörper hat.

Bedeutung

Der etwas ungewöhnliche Name des Abandoned Baby Patterns bezieht sich auf die kleine mittlere Kerze, die von den beiden größeren Kerzen getrennt ist wie ein ausgesetztes Baby von seinen Eltern.

Die Formation zeigt einen Trendwechsel an. Die schwarze Kerze ist noch Teil des Abwärtstrends. Auch am Folgetag deutet die Eröffnung mit dem Abwärtsgap zunächst darauf hin, dass sich die Abwärtsbewegung fortsetzt.

Dann aber kommt die Bewegung ins Stocken und es entwickelt sich ein sehr uneinheitlicher Handel, der schließlich zu der Doji Kerze führt.

Am dritten Tag beginnt dann mit der Gaperöffnung nach oben die eigentliche Trendwende. Im Folgenden setzt der Kurs seine Aufwärtsbewegung weiter fort und verstärkt damit das Umkehrsignal.

Trading

Das Bullish Abandoned Baby Pattern kündigt weiter steigende Kurse an. Trader, die das Pattern im Chart entdecken, steigen entweder am Ende der weißen Kerze in eine Kaufposition ein oder sie warten ab, ob der Kurs am folgenden Tag über das Hoch der weißen Kerze steigt.

Bearish Abandoned Baby Pattern

<u>Kurzbeschreibung</u>

Beim Bearish Abandoned Baby Pattern schwebt eine Doji Kerze sowohl über der vorherigen als auch über der nachfolgenden Kerze.

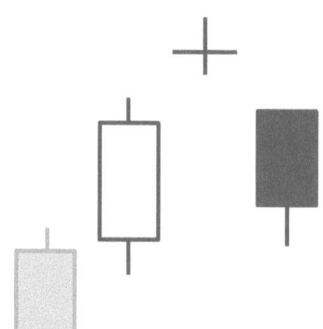

<u>Art der Formation</u>

bearische Umkehrformation

<u>Aufbau der Formation</u>

Das Bearish Abandoned Baby Pattern folgt immer auf eine Aufwärtsbewegung.

Die erste Kerze des Patterns ist eine weiße Kerze mit einem langen Kerzenkörper.

Als Zweites folgt ein Doji. Bei der zweiten Kerze entspricht also der Eröffnungskurs dem Schlusskurs, sodass anstatt eines farbigen Kerzenkörpers eine waagerechte Linie eingezeichnet wird.

Zwischen der ersten und der zweiten Kerze befindet sich ein Gap. Der tiefste Punkt der zweiten Kerze liegt also oberhalb des höchsten Kurses der ersten Kerze.

Auch die folgende Kerze eröffnet mit einer Kurslücke. Allerdings kommt es diesmal zu einem Abwärtsgap. Beide Gaps befinden sich damit unterhalb der Doji Kerze, die über der vorherigen und der nachfolgenden Kerze zu schweben scheint.

Die Kerze nach dem zweiten Gap ist eine schwarze Kerze mit langem Kerzenkörper.

Bedeutung

Das Pattern ähnelt stark dem schon zuvor vorgestellten Evening Doji Star. Allerdings dürfen sich beim Abandoned Baby Pattern die Schatten der einzelnen Kerzen nicht berühren. Die Kurslücken beim Abandoned Baby Pattern sind also größer als beim Evening Doji Star.

Im Vergleich zum Evening Doji Star findet sich dieses Pattern daher deutlich seltener im Chart. Ansonsten signalisieren die beiden Candlestick Patterns aber mehr oder weniger dasselbe. Im Verlauf des Patterns kommt es zu einem Trendwechsel, bei dem der Kurs von einem Aufwärtstrend zu einer Abwärtsbewegung übergeht.

Beim Bearish Abandoned Baby Pattern erfolgt dieser Trendwechsel etwas stärker und ausgeprägter, sodass dieses Pattern das etwas stärkere Abwärtssignal ist.

Trading

Nach dem Pattern ist mit fallenden Kursen zu rechnen.

Ein Einstieg in eine Short Position erfolgt entweder am Ende der dritten Kerze oder am Folgetag, sobald sich der Kurs tiefer bewegt.

Bullish Island Reversal Pattern

Kurzbeschreibung

Beim Bullish Island Reversal sind mehrere aufeinanderfolgende Kerzen durch
Kurslücken von den über ihnen liegenden Kerzen abgetrennt.

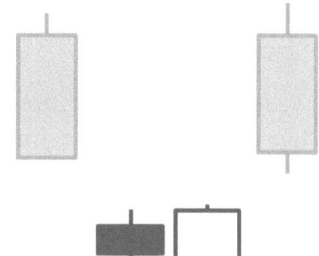

Art der Formation

bullische Umkehrformation

Aufbau der Formation

Bei einem Island Reversal Pattern ist eine Gruppe von Kerzen sowohl von den vorherigen Kerzen als auch von den nachfolgenden
Kerzen durch zwei sich gegenüberliegende Kurslücken getrennt.

Beim Bullish Reversal Pattern befinden sich die Kerzen vor der
Formation in einer Abwärtsbewegung.

Die erste Kerze des bullischen Island Reversals eröffnet mit einem Abwärtsgap. Der neue Eröffnungskurs liegt also deutlich unter
dem tiefsten Kurs der vorherigen Kerze. Das Gap wird über den gesamten Tag hinweg nicht geschlossen, sodass der höchste Kurs der
neuen Kerze unter dem tiefsten Kurs der Vorkerze liegt.

Auf die erste Gapkerze folgen eine Reihe von weiteren Kerzen,
die alle mehr oder weniger auf einer Linie liegen. Bei keiner der
Kerzen bewegt sich der Kurs so weit nach oben, dass er das vorherige Gap wieder schließen kann.

Schließlich kommt es zu einem Gap in die andere Richtung. Der
Kurs springt gleich zur Handelseröffnung nach oben und bildet dadurch ein Aufwärtsgap. Im Verlauf des weiteren Handels bewegt

sich der Kurs weiter aufwärts, sodass die Kurslücke im Chart erkennbar bleibt.

Die beiden Gaps liegen sich im Chart direkt gegenüber, sodass eine imaginäre Linie durch die beiden Kurslücken gezogen werden kann, die die Kerzen unterhalb der Gaps von den Kerzen oberhalb der Gaps abtrennt. Die unteren Kerzen bilden dadurch eine Insel, die völlig losgelöst von den übrigen Kerzen ist.

In unserer Abbildung wird die Insel nur von zwei Kerzen gebildet. Bei einer Island Reversal Formationen darf die Insel aber auch aus mehr als zwei Kerzen bestehen. Die meisten Island Formationen haben zwischen zwei bis zehn Kerzen. Bei dieser Formation ist die Farbe der einzelnen Kerzen nicht wichtig.

<u>Bedeutung</u>

Das Bullish Island Reversal Pattern deutet einen Trendwechsel an. Da die Formation aus relativ vielen Kerzen besteht, kann sie auch das Ende eines etwas längeren Trends anzeigen.

Nach dem Herausbilden eines Bullish Island Reversal ist mit steigenden Kursen zu rechnen.

<u>Trading</u>

Die Formation gilt erst dann als abgeschlossen, wenn eine Kerze mit einem Aufwärtsgap eröffnet und oberhalb des Gaps schließt. Ein Einstieg in eine Kaufposition würde erst erfolgen, wenn sich diese Kerze vollständig herausgebildet hat.

Der Einstieg erfolgt entweder am Ende des Tages oder am Folgetag, sobald der Kurs über das Hoch der letzten Kerze steigt.

Bearish Island Reversal Pattern

Kurzbeschreibung

Beim Bearish Island Reversal Pattern schwebt eine Gruppe von Kerzen über den vorherigen und den nachfolgenden Kerzen.

Art der Formation

bearische Umkehrformation

Aufbau der Formation

Vor der Formation befindet sich der Kurs in einem Aufwärtstrend.

Die erste Kerze der Bearish Island Reversal Formation eröffnet mit einem Aufwärtsgap, das im weiteren Handel nicht geschlossen wird. Das Tief der neuen Kerze liegt also deutlich über dem Hoch der Vorkerze.

Es folgen eine oder mehrere weitere Kerzen, die alle auf derselben Höhe wie die erste Kerze liegen. Keiner dieser Kerzen gelingt es, das Gap wieder zu schließen. Die Anzahl der Kerzen oberhalb des Gaps ist nicht wichtig. Bei den meisten Bearish Island Reversal Formationen befinden sich zwischen zwei bis zehn Kerzen oberhalb des Gaps.

Nach der Seitwärtsbewegung kommt es zu einer plötzlichen Gegenbewegung. Der Kurs eröffnet gleich zu Handelseröffnung deutlich tiefer und bildet ein Abwärtsgap aus.

Die beiden Gaps befinden sich in etwa auf gleicher Höhe und trennen die Kerzen oberhalb der Gaps von den vorherigen und den nachfolgenden Kerzen ab. Die Kerzen oberhalb der beiden Gaps bilden dadurch eine Insel, die über den übrigen Kerzen zu schweben scheint.

Bedeutung

Im Verlauf der Formation geht der Kurs erst von einer Aufwärtsbewegung in eine Seitwärtsbewegung über und bricht dann aus dieser Seitwärtsbewegung nach unten aus.

Das Bearish Island Pattern zeigt also eine Trendumkehr an. Wird die Insel von einer größeren Anzahl von Kerzen gebildet, ist die Formation auch stark genug, um das Ende eines längerfristigen Trends anzukündigen.

Trading

Das Bearish Island Reversal Pattern sagt fallende Kurse voraus. Taucht die Formation im Chart einer Aktie auf, würde also mit einer Short Position auf fallende Kurse gesetzt werden.

Ein Einstieg in eine Short Position sollte erst erfolgen, nachdem sich die Kerze nach dem zweiten Gap voll herausgebildet hat und klar ist, dass die Kurslücke nicht wieder geschlossen wird. Der Einstieg erfolgt entweder am Ende der Gapkerze oder am Folgetag, wenn sich der Kurs tiefer bewegt.

Tower Bottom

Kurzbeschreibung

Bei einem Tower Bottom werden mehrere kleine Kerzen von einer schwarzen
Kerze am Anfang und einer weißen Kerze
am Ende umklammert.

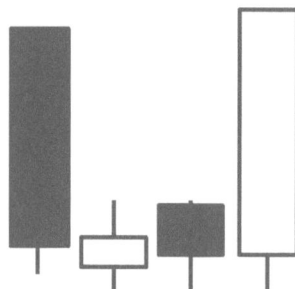

Art der Formation

bullische Umkehrformation

Aufbau der Formation

Eine Tower Bottom Formation bildet sich immer am Ende eines Abwärtstrends aus.

Die erste Kerze des Tower Bottoms ist eine schwarze Kerze mit
einem überdurchschnittlich langen Kerzenkörper.

Danach folgen mehrere deutlich kleinere Kerzen, die sich alle
entweder im unteren Bereich der ersten Kerze oder unterhalb der
ersten Kerze befinden. In der Abbildung hat die Towwer Formation
zwei Innenkerzen. Dies ist die Minimalzahl, mehr Kerzen sind aber
zulässig. Die Farbe der inneren Kerzen ist bei dieser Formation egal.

Als Letztes folgt eine weiße Kerze mit einem langen Kerzenkörper, der deutlich oberhalb der kleineren Kerzen schließt und keinen
ausgeprägten oberen Schatten hat.

Bei der Tower Bottom Formation umranden also die beiden langen äußeren Kerzen die kleineren Kerzen in der Mitte.

Bedeutung

Die Tower Bottom Formation ist eine Umkehrformation, die sich über eine größere Anzahl von Kerzen erstreckt.

Am Ende der ersten Kerze befindet sich der Kurs noch in der Abwärtsbewegung. Dann aber geht er in eine mehrtägige Seitwärtsbewegung über, aus der er mit der letzten Kerze nach oben ausbricht. Die letzte Kerze ist eine Kerze mit einem langen Kerzenkörper, was darauf hinweist, dass die Kurse weiter steigen werden.

Die meisten Tower Formationen haben nur zwei bis drei Innenkerzen. Eine Tower Formation mit deutlich mehr Innenkerzen kann auch das Ende eines längerfristigen Abwärtstrends einläuten.

Trading

Trader, die diese Formation im Chart entdecken, würden auf steigende Kurse spekulieren.

Ein Einstieg erfolgt entweder, nachdem sich die lange weiße Kerze herausgebildet hat oder am folgenden Tag, sobald sich der Kurs über das Hoch der weißen Vorkerze bewegt.

Tower Top

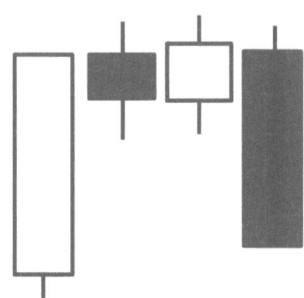

<u>Kurzbeschreibung</u>

Bei der Tower Top Formation wird eine Reihe von kleineren Kerzen von zwei größeren Kerzen umfasst.

<u>Art der Formation</u>

bearische Umkehrformation

<u>Aufbau der Formation</u>

Eine Tower Top Formation befindet sich immer am Ende einer Aufwärtsbewegung.

Die erste Kerze der Formation ist eine weiße Kerze mit einem überdurchschnittlich langen Kerzenkörper.

Auf die lange Kerze folgt eine Reihe von kleineren Kerzen, die sich alle entweder im oberen Bereich der ersten Kerze oder knapp oberhalb der Kerze befinden. In den meisten Fällen schwankt die Anzahl dieser kleineren Kerzen zwischen zwei bis zehn Kerzen. Die Farbe der Kerzenkörper ist bei diesen inneren Kerzen egal.

Dann kommt es zu einer starken Kursbewegung nach unten. Auf die kleineren Kerzen folgt eine schwarze Kerze mit langem Kerzenkörper und ohne ausgeprägten unteren Schatten, die deutlich unterhalb der Kerzen im Inneren der Formation schließt.

Die Kerzen in der Mitte der Formation befinden sich also zwischen den beiden flankierenden großen Kerzen. Dadurch hat die Formation das Aussehen eines Turmes. Die beiden äußeren Kerzen sind die flankierenden Mauern, während die kleineren inneren Kerzen das Dach bilden.

Statt der beiden großen Kerzen ist es auch zulässig, wenn sich auf einer der beiden Seiten anstelle einer überdurchschnittlich langen Außenkerze zwei direkt aufeinanderfolgende gleichfarbige Kerzen von normaler Größe befinden. In diesem Fall ist die Aufwärts- oder Abwärtsbewegung auf zwei Tage verteilt.

Bedeutung

Anders als bei den meisten Candlestick Formationen dauert es bei dieser Formation mehrere Tage, bis der Trendwechsel vollzogen ist.

Nach dem sehr steilen Anstieg kommt es zu einer kurzfristigen Stauchungsphase, die in eine ebenso steile Abwärtsbewegung übergeht.

Trading

Die Tower Top Formation kündigt fallende Kurse ein. Nach dem Erscheinen der Formation kann daher mithilfe einer Short Position auf fallende Kurse spekuliert werden.

Der Einstieg erfolgt entweder am Ende des Tages, an dem sich die lange Abwärtskerze herausgebildet hat, oder am Folgetag, sobald der Kurs unter das Tief der Abwärtskerze fällt.

Three White Advancing Soldiers

Kurzbeschreibung

Die Formation besteht aus drei weißen
Kerzen mit langen Kerzenkörpern und
kleinen Schatten.

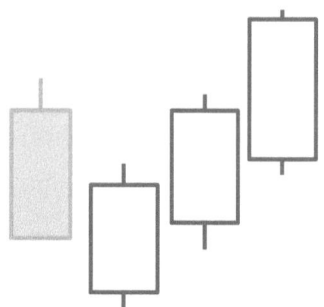

Art der Formation

bullische Umkehrformation

Aufbau der Formation

Die Formation ist sowohl unter dem
Namen Three White Soldiers Pattern als auch als Three White Advancing Soldiers Formation bekannt.

Das Three White Soldiers Pattern folgt immer auf einen Abwärtstrend. Vor der Formation sind die Kurse also gefallen.

Auf die Abwärtsbewegung folgen drei aufeinanderfolgende weiße Kerzen mit langen Kerzenkörpern und kleinen oberen und unteren Schatten. Wichtig ist vor allem, dass die oberen Schatten der Kerzen relativ klein sind. Dies zeigt an, dass es nach dem Kursanstieg keine größeren Rücksetzer mehr gegeben hat.

Die beiden letzten Kerzen der Formation sollten jeweils oberhalb des Schlusskurses der vorherigen Kerze schließen. Dadurch ragen die zweite und die dritte Kerze beide über ihre direkten Vorgängerinnen heraus.

Im Idealfall haben die beiden letzten Kerzen innerhalb des Körpers ihrer Vorkerze eröffnet. In diesem Fall würden die drei Kerzen überlappen, wie in unserer Abbildung. Es ist aber auch zulässig, wenn die Kerzen oberhalb des letzten Schlusskurses eröffnen.

Bedeutung

Drei aufeinanderfolgende weiße Kerzen zeigen an, dass der Kurs bereits stark gestiegen ist und deuten auf weiter steigende Kurse hin. Der vorherige Abwärtstrend ist also beendet.

Trading

Taucht das Three White Soldiers Pattern im Chart einer Aktie auf, würde die Aktie in Erwartung von steigenden Kursen gekauft werden.

Der Kauf erfolgt, sobald der Kurs über den oberen Schatten der dritten weißen Kerze steigt.

Im Unterschied zu den meisten anderen Candlestick Formationen hat sich der Kurs bei dieser Formation schon über einen längeren Zeitraum nach oben bewegt. Ein größerer Teil der Aufwärtsbewegung ist also schon vorbei, bevor die Formation abgeschlossen ist und in die Aktie eingestiegen werden kann.

Three Black Crows Pattern

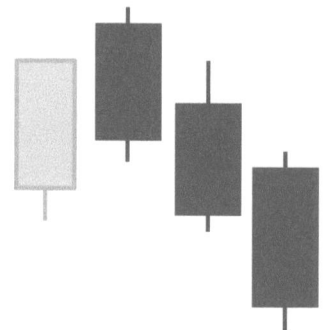

<u>Kurzbeschreibung</u>

Das Three Black Crows Patterns besteht aus drei aufeinanderfolgenden schwarzen Kerzen.

<u>Art der Formation</u>

bearische Umkehrformation

<u>Aufbau der Formation</u>

Vor der Three Black Crows Formation befand sich der Kurs in einer Aufwärtsbewegung.

Die Formation selbst besteht aus drei aufeinanderfolgenden schwarzen Kerzen. Alle drei Kerzen sollten einen langen Körper ohne lange obere und untere Schatten haben. Die kleinen unteren Schatten zeigen an, dass es an den betrachteten Tagen nach dem Kurseinbruch nicht mehr zu einer Kurserholung gekommen ist.

Die zweite und dritte Kerze der Formation schließen beide unterhalb des Körpers ihrer Vorkerze. Der Schlusskurs der beiden Kerzen liegt also jeweils unter dem Schluss des Vortages.

Manchmal wird verlangt, dass sich die Kerzenkörper der aufeinanderfolgenden Kerzen überlappen. In diesem Fall liegt also der Eröffnungskurs der zweite und dritten schwarzen Kerze innerhalb des Körpers der vorherigen Kerze.

Bedeutung

Die drei schwarzen Kerzen zeigen deutlich an, dass die vorherige Aufwärtsbewegung gebrochen und der Kurs in eine Abwärtsbewegung übergegangen ist.

Das Three Black Crows Pattern ist ein relativ starkes Chartsignal, das auch das Ende eines etwas längeren Aufwärtstrends anzeigen kann.

Trading

Da das Three Black Crow Pattern fallende Kurse voraussagt, sollte eine bestehende Long Position verkauft werden und/oder mit Hilfe einer Short Position auf fallende Kurse spekuliert werden.

Ein Einstieg in eine Short Position würde erfolgen, sobald der Kurs unter das Tief der dritten schwarzen Kerze fällt.

Das Problem bei dieser Candlestick Formation ist, dass der Kurs am Ende der dritten Kerze bereits relativ weit gefallen ist. Ein Großteil der Abwärtsbewegung ist daher bereits vorbei, bevor in die Formation eingestiegen werden kann.

Advance Block Pattern

Kurzbeschreibung

Das Advance Block Pattern besteht aus drei aufeinanderfolgenden weißen Kerzen, deren Höhe von links nach rechts abnimmt.

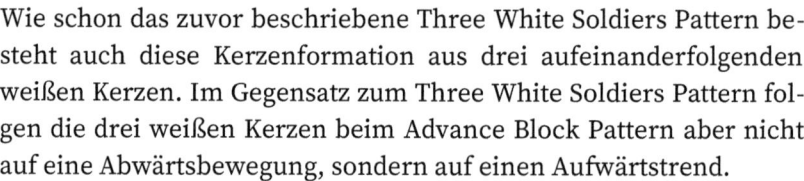

Art der Formation

bearische Umkehrformation

Aufbau der Formation

Wie schon das zuvor beschriebene Three White Soldiers Pattern besteht auch diese Kerzenformation aus drei aufeinanderfolgenden weißen Kerzen. Im Gegensatz zum Three White Soldiers Pattern folgen die drei weißen Kerzen beim Advance Block Pattern aber nicht auf eine Abwärtsbewegung, sondern auf einen Aufwärtstrend.

Ein weiterer Unterschied zur White Soldiers Formation ist, dass die Kerzen beim Advance Block Pattern unterschiedlich groß sind.

Die erste Kerze der Formation ist die größte Kerze und hat einen langen Körper ohne längere obere und untere Schatten.

Es folgt eine etwas kleinere Kerze, deren Eröffnungskurs innerhalb des Kerzenkörpers der ersten Kerze liegt. Im Laufe des Tages steigt der Kurs der zweiten Kerze aber und schließt dadurch oberhalb des Schlusskurses der ersten Kerze.

Die letzte Kerze hat einen noch kleineren Kerzenkörper als ihre beiden Vorkerzen und einen langen oberen Schatten. Auch diese Kerze eröffnet innerhalb des Körpers ihrer Vorkerze.

Bedeutung

Die Formation zeigt ein Abschwächen der Aufwärtsbewegung an. Während die erste Kerze noch auf einen starken Kursanstieg hinweist, schwächt sich der Aufwärtstrend im weiteren Verlauf der Formation immer weiter ab.

Schon bei der zweiten Kerze deutet der kleinere Kerzenkörper an, dass der Aufwärtsdruck etwas nachlässt.

Bei der dritten Kerze kommt die Aufwärtsbewegung dann mehr oder weniger ganz zum Erliegen. Der lange obere Schatten der letzten Kerze deutet an, dass sich der Kurs zwar im Handelsverlauf nach oben bewegt hat, er sich aber auf diesem Kursniveau nicht halten konnte und schließlich deutlich tiefer schließen musste. All dies weist darauf hin, dass es dem Kurs in den letzten beiden Tagen schwerer gefallen ist, weiter nach oben zu steigen.

Trading

Die Advance Block Formation ist als erstes Warnsignal zu verstehen, das ein mögliches Ende der Aufwärtsbewegung und eine Trendumkehr ankündigt.

Für einen Einstieg auf der Shortseite ist es aber noch zu früh. Erst wenn sich in den kommenden Tagen die Vorzeichen für wieder fallende Kurse mehren, kann auf einen Kursrückgang spekuliert werden.

Bewegt sich der Kurs hingegen über den oberen Schatten der letzten Kerze, hat sich die Formation als falscher Alarm entpuppt und es ist eher mit weiter steigenden Kursen zu rechnen.

Rising Three Methods

Bei der Rising Three Methods werden drei schwarze Kerzen von zwei längeren weißen Kerzen umklammert.

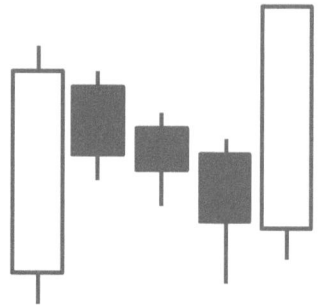

Art der Formation

bullische Fortsetzungsformation

Aufbau der Formation

Vor dem Rising Three Methods Pattern befindet sich der Kurs in einer Aufwärtsbewegung.

Die erste Kerze des Patterns ist eine weiße Kerze mit einem langen Kerzenkörper.

Danach folgen drei kleinere Kerzen, die alle innerhalb der Handelsspanne der ersten Kerze liegen. Das bedeutet, dass sich die drei inneren Kerzen zwischen den Schatten der langen weißen Kerze befinden müssen.

Im Idealfall sind alle drei Innenkerzen schwarz gefärbt. Die drei Kerzen sollten sich entweder in einer Abwärtsbewegung oder in einer Seitwärtsbewegung befinden.

Den Abschluss bildet eine zweite weiße Kerze mit einem langen Kerzenkörper. Diese Kerze schließt über dem Schlusskurs der ersten Kerze und damit auch deutlich über den Schlusskursen der drei Innenkerzen.

Bedeutung

Die Rising Three Methods ist die erste Fortsetzungsformation, die Sie in diesem Buch kennenlernen. Im Gegensatz zu den zuvor vorgestellten Umkehrformationen zeigt eine Fortsetzungsformation keinen Trendwechsel an, sondern sagt die Wiederaufnahme des vorherigen Trends voraus. Im Falle der Rising Three Methods ist nach Abschluss der Formation mit einer Fortsetzung des vorherigen Aufwärtstrends zu rechnen.

Nach der ersten Aufwärtskerze kam es zwar in Form der drei Innenkerzen zu einem kurzen Kursrücksetzer. Mit der letzten weißen Kerze setzte der Kurs seine vorherige Aufwärtsbewegung aber wieder fort.

Im Verlauf der Formation kommt es also zu einer kurzfristigen Gegenbewegung innerhalb eines längerfristigen Aufwärtstrends. Diese Gegenbewegung wird allerdings bereits mit der letzten Kerze der Formation wieder beendet. Nach dem Abschluss der Formation ist daher mit weiter steigenden Kursen zu rechnen.

Trading

Das Rising Three Pattern sagt eine Fortsetzung des Aufwärtstrends voraus. Daraus resultierend kann nach Abschluss der Formation auf einen erneuten Kursanstieg spekuliert werden.

Der Einstieg erfolgt entweder direkt am Ende der zweiten weißen Kerze oder nachdem der Kurs am Folgetag über den Schatten der letzten Kerze gestiegen ist.

Um den typischen Aufbau einer Fortsetzungsformation zu veranschaulichen, schauen wir uns den untenstehenden Chart an.

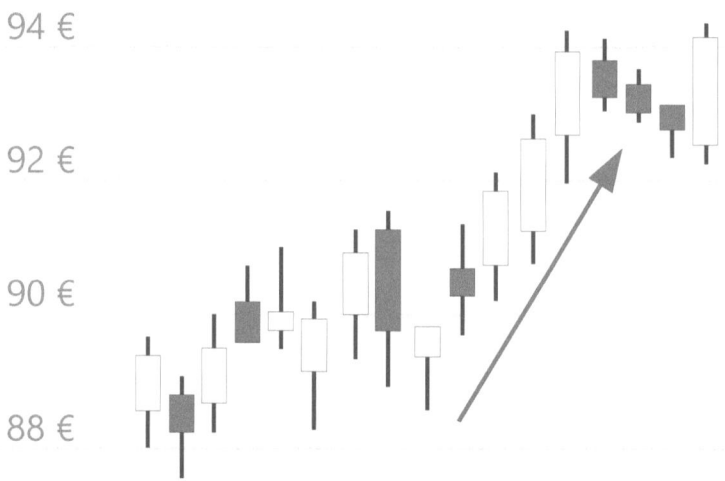

Der Chart zeigt den Kursverlauf einer Aktie. Die letzten fünf Kerzen im abgebildeten Chart formen eine Rising Three Formation.

Vor der eigentlichen Kerzenformation kam es zu einer kurzen Aufwärtsbewegung. In unserem Chart ist die Bewegung durch den grauen Pfeil markiert. Die Aufwärtsbewegung reicht von der weißen Kerze mit dem langen unteren Schatten bis zur ersten Kerze der Rising Three Methods Formation und erstreckt sich damit über fünf Kerzen.

Nach der langen weißen Kerze folgen drei kleinere schwarze Kerzen. Jede der drei kleinen Kerzen schließt unterhalb der vorherigen Kerze. Nach dem vorherigen Kursanstieg bewegen sich die Kurse in diesem Bereich also kurzzeitig nach unten.

Dann aber folgt die Gegenbewegung in Form der zweiten langen weiße Kerze. Die weiße Kerze schließt über allen vorherigen Kerzen, sodass der Kurs wieder in seinen vorherigen Aufwärtstrend zurückfällt.

Die kurzfristige Abwärtsbewegung ist also mit der letzten Kerze wieder beendet. Im Folgenden ist daher mit der Fortsetzung der vorherigen Aufwärtsbewegung zu rechnen.

Nach Abschluss der Formation kann auf steigende Kurse spekuliert werden. Der Einstieg erfolgt, sobald sich der Kurs über das Hoch der letzten Kerze bewegt.

Falling Three Methods

Kurzbeschreibung

Beim Falling Three Methods Pattern werden drei kleinere Innenkerzen von zwei
langen schwarzen Kerzen umklammert.

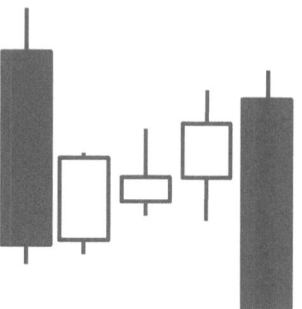

Art der Formation

bearische Fortsetzungsformation

Aufbau der Formation

Die Falling Three Methods folgt auf eine
Abwärtsbewegung.

Die erste Kerze der Formation ist eine schwarze Kerze mit einem
langen Kerzenkörper.

Auf die schwarze Kerze folgen drei kleinere Kerzen, die sich alle
innerhalb der Schatten der langen schwarzen Kerze befinden.

Bei den Innenkerzen handelt es sich um drei weiße Kerzen. In
diesem Teil der Formation steigt der Kurs entweder leicht an oder er
befindet sich in einer Seitwärtsbewegung.

Die letzte Kerze der Formation ist wieder eine lange schwarze
Kerze, die unterhalb des Schlusskurses der ersten schwarzen Kerze
schließt. Die drei Innenkerzen sind also zwischen den beiden längeren Kerzen eingeklemmt.

Bedeutung

Während der Formation kommt es zu einer kurzen Verschnaufpause innerhalb eines längeren Abwärtstrends.

Die erste Kerze des Patterns ist noch Bestandteil des übergeordneten Abwärtstrends.

Danach kommt es in Form der drei kleinen weißen Kerzen zu einer kurzfristigen Gegenbewegung.

Mit der letzten Kerze fällt der Kurs dann aber wieder in seinen vorherigen Abwärtstrend zurück. Die Gegenbewegung ist also mit der zweiten schwarzen Kerze bereits beendet. Nach dem Abschluss der Falling Three Methods muss daher erneut mit fallenden Kursen gerechnet werden.

Trading

Nach Ausbildung eines Falling Three Methods Patterns kann mithilfe einer Short Position auf fallende Kurse gesetzt werden.

Dabei kann direkt nach Ausbildung der Formation eingestiegen werden oder es wird gewartet, bis der Kurs am Folgetag unter das Tief der letzten schwarzen Kerze fällt.

High Price Gapping Play

Kurzbeschreibung

Bei einem High Price Gapping Play eröffnet eine Kerze nach einer kurzen Konso-
lidierungsphase mit einem Aufwärtsgap.

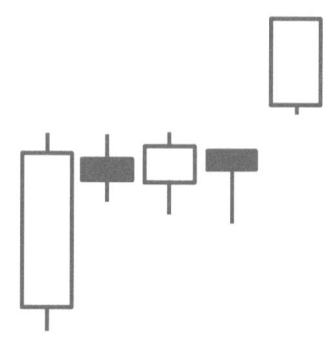

Art der Formation

bullische Fortsetzungsformation

Aufbau der Formation

Das High Price Gapping Play ist Teil einer Aufwärtsbewegung.

Die erste Kerze der Formation ist eine Kerze mit einem langen
weißen Kerzenkörper.

Auf diese lange Kerze folgen eine Reihe von kleineren Kerzen,
deren Körper sich alle in etwa auf Höhe des Schlusskurses der langen weißen Kerze befinden. Die Kerzen liegen dadurch alle mehr
oder weniger auf einer Linie, sodass sich der Kurs in diesem Teil der
Formation seitwärts bewegt.

Die Farbe der Kerzen innerhalb der Seitwärtsbewegung ist unwichtig. Ebenso gibt es keine Vorgaben für die Anzahl der Kerzen in
der Stauchungszone. Allerdings ist die folgende Ausbruchsbewegung meistens umso stärker, je mehr Kerzen sich in der Seitwärtsbewegung befinden.

Die letzte Kerze der Formation bricht aus der Stauchungszone
nach oben aus. Dabei eröffnet die Kerze gleich zu Handelsbeginn
mit einer Aufwärtskurslücke und bewegt sich von da ab weiter nach
oben.

Bedeutung

Das High Price Gapping Play ist eine Fortsetzungsformation, die die Fortsetzung des vorherigen Aufwärtstrends voraussagt.

Die Stauchung in der Mitte der Formation zeigt an, dass der Aufwärtstrend eine kurzfristige Verschnaufpause eingelegt hat. Oftmals tut sich der Kurs hier schwer, über eine bestimmte Kursschwelle oberhalb der Formation zu steigen.

Dann aber gelingt es dem Kurs gleich zu Handelsbeginn, mit einem Gap aus dieser Zone auszubrechen, sodass die Aufwärtsbewegung fortgesetzt werden kann.

Trading

Die Formation sagt weiter steigende Kurse voraus. Eine Aktie, in deren Chart solch eine Formation auftaucht, würde also gekauft werden.

Der Einstieg erfolgt entweder direkt, nachdem sich die letzte Kerze herausgebildet hat, oder am Folgetag, sobald sich der Kurs über den oberen Schatten der Vorkerze bewegt.

Low Price Gapping Play

Kurzbeschreibung

Beim Low Price Gapping Play bricht der Kurs mit einem Gap nach unten aus einer Stauchungszone aus.

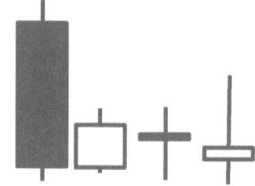

Art der Formation

bearische Fortsetzungsformation

Aufbau der Formation

Die erste Kerze der Formation ist eine Kerze mit einem langen schwarzen Kerzenkörper, die auf eine Abwärtsbewegung folgt.

Die folgenden Kerzen sind allesamt deutlich kleiner als die erste Kerze und befinden sich alle auf Höhe des Schlusskurses der ersten Kerze. Dadurch liegen die kleinen Kerzen alle auf einer waagerechten Linie. In diesem Bereich der Formation befinden sich die Kerzen also in einer Seitwärtsbewegung. Die Anzahl der Kerzen innerhalb dieser Seitwärtsbewegung ist nicht vorgegeben und schwankt meistens zwischen zwei und zehn Kerzen. Bei diesen Kerzen ist die Farbe der Kerzen egal.

Mit der letzten Kerze gelingt es dem Kurs schließlich wieder aus der Seitwärtsbewegung auszubrechen. Die letzte Kerze des Low Price Gapping Play eröffnet mit einem deutlichen Abwärtsgap. Der Kurs eröffnet also gleich zu Beginn deutlich unterhalb der unteren Schatten der vorherigen Kerzen. Nach der Eröffnung setzt der Kurs seine Abwärtsbewegung weiter fort, sodass die letzte Kerze einen langen schwarzen Kerzenkörper hat.

Bedeutung

Das Low Price Gapping Play ist eine Fortsetzungsformation und sagt die Fortsetzung der vorherigen Abwärtsbewegung voraus.

Während der Formation kam es zu einer Stauchung, in der die Kerzen kurzfristig in eine Seitwärtsbewegung übergegangen sind. Ausbrüche aus solchen Stauchungszonen gelten als starkes charttechnisches Signal und sagen voraus, dass der Kurs sich in Richtung des Ausbruchs weiterbewegen wird.

Je länger die vorherige Seitwärtsbewegung, desto stärker ist die folgende Ausbruchsbewegung.

Trading

Nach dem Ausbruch aus der Seitwärtsbewegung ist mit weiter fallenden Kursen zu rechnen.

Trader, die ein Low Price Gapping Play im Chart entdecken, können mit einer Short Position auf fallende Kurse setzen.

Der Einstieg in eine Short Position erfolgt entweder am Ende der zweiten schwarzen Kerze oder am Folgetag, sobald sich der Kurs tiefer bewegt.

Bullische Kastenformation

Kurzbeschreibung

Bei der bullischen Kastenformation werden mehrere kleinere Kerzen zwischen
zwei langen weißen Kerzen eingeklemmt.

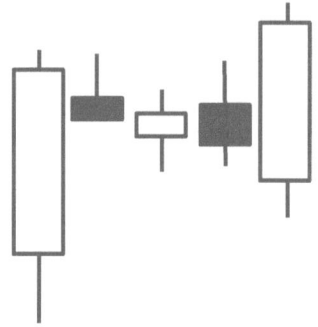

Art der Formation

bullische Fortsetzungsformation

Aufbau der Formation

Dies ist keine klassische Kerzenformation. Allerdings taucht dieses Muster so
häufig im Chart auf, dass es einer Erwäh-
nung wert ist.

Die Formation folgt auf eine Aufwärtsbewegung und beginnt mit
einer weißen Kerze mit langem Kerzenkörper.

Auf die lange weiße Kerze folgen mehrere kleine Kerzen, deren
Kerzenkörper sich alle innerhalb des Kerzenkörpers der ersten Kerze befinden. Die Körper dieser kleineren Kerzen befinden sich alle
auf einer Linie, sodass die Kerzen nebeneinander liegen. Die Anzahl
der inneren Kerzen ist bei dieser Formation egal. Ebenso ist die Farbe der inneren Kerzen unwichtig.

Die letzte Kerze der Kastenformation hingegen muss wieder einen weißen Kerzenkörper haben. Wie schon der erste Kerzenkörper
umfasst auch der Körper der letzten Kerze die Kerzenkörper aller
inneren Kerzen. Die kleinen Kerzen in der Mitte werden also von
den beiden längeren Kerzen umschlossen.

Die weiße Kerze am letzten Tag der Formation schließt oberhalb der Hochs der vorherigen Tage. Der Körper der letzten Kerze ragt daher über alle oberen Schatten der vorherigen Kerzen heraus.

Bedeutung

Im Verlauf einer bullischen Kastenformation geht der Kurs kurzfristig von einer Aufwärtsbewegung in eine Seitwärtsbewegung über. Am letzten Tag der Formation springt er dann aber wieder in seine ursprüngliche Aufwärtsbewegung zurück.

Vor einer bullischen Kastenformation befinden sich häufig mehrere aufeinanderfolgende weiße Kerzen. Die Aufwärtsbewegung vor der Formation ist also entsprechend steil. Nach diesem steilen Anstieg schaltet der Kurs dann aber zunächst einmal einen Gang zurück. In den folgenden Tagen bewegen sich die Kurse fast gar nicht. Diese Seitwärtsphase dient allerdings lediglich dazu, neue Energie zu tanken, die dann mit der letzten Kerze wieder schlagartig freigesetzt wird.

Generell kann gesagt werden, dass die folgende Aufwärtsbewegung umso stärker ausfallen wird, je mehr Kerzen sich in der vorherigen Seitwärtsbewegung befunden haben.

Trading

Die Formation sagt weiter steigende Kurse voraus. Ein Einstieg in eine neue Position erfolgt entweder am Tagesende oder am Folgetag, sobald der Kurs oberhalb des oberen Schattens der letzten Kerze notiert.

Bearische Kastenformation

Kurzbeschreibung

Bei der bearischen Kastenformation bilden die beiden schwarzen äußeren Kerzen einen Kasten, in dem die inneren
Kerzen eingeschlossen sind.

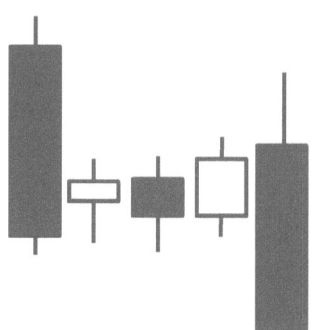

Art der Formation

bearische Fortsetzungsformation

Aufbau der Formation

Die bearische Kastenformation folgt im-
mer auf eine Abwärtsbewegung. Vor der Formation haben sich die
Kurse also nach unten bewegt. Im Idealfall liegen vor dem Kasten
mehrere aufeinanderfolgende schwarze Kerzen.

Die erste Kerze der Formation hat einen langen schwarzen Kerzenkörper und ist selbst noch Bestandteil der vorherigen Abwärtsbewegung.

Auf die schwarze Kerze folgen eine Reihe von kleineren Kerzen,
deren Körper sich alle innerhalb des Körpers der ersten schwarzen
Kerze befinden. Wie schon bei der bullischen Variante der Formation sind auch hier die Anzahl der Kerzen und die Farben der Kerzenkörper unwichtig.

Den Abschluss bildet eine zweite schwarze Kerze, deren Kerzenkörper die Körper der inneren Kerzen vollständig umklammert. Die
Körper der inneren Kerzen müssen sich also vollkommen innerhalb
des Körpers der letzten Kerze befinden.

Im Gegensatz zur ersten schwarzen Kerze schließt die letzte Kerze aber deutlich tiefer. Der Schlusskurs der langen schwarzen Kerze liegt unter den unteren Schatten aller vorherigen Kerzen, sodass der Körper der letzten Kerze nach unten aus der Formation herausragt.

Bedeutung

Die bearische Kastenformation stellt eine kurze Unterbrechung des bestehenden Abwärtstrends dar. Die Kerzen im Inneren der Formation bewegen sich in einer engen Range und zeigen dadurch einen unentschlossenen Markt an.

Dann aber fällt der Kurs mit der letzten Kerze wieder aus dieser Range heraus und einer weiteren Abwärtsbewegung steht nichts mehr im Wege.

Trading

Taucht eine bearische Kastenformation im Chart auf, muss von weiter fallenden Kursen ausgegangen werden. Um an diesem Kurseinbruch partizipieren zu können, kann eine Short Position eröffnet werden. Der Einstieg in diese Short Position erfolgt entweder am Tag der zweiten schwarzen Kerze oder am Folgetag, falls sich der Kurs unter den unteren Schatten der letzten Kerze bewegt.

Kapitel 6

Wie man nicht mit Candlesticks tradet

Nachdem Sie im letzten Kapitel eine Vielzahl von verschiedenen Candlestick Formationen kennengelernt haben, befassen wir uns in den folgenden Kapiteln damit, wie diese Formationen optimal im Trading eingesetzt werden können.

Test | Kerzenformationen im DAX

Bevor wir uns aber mit den einzelnen Trading Strategien befassen, schauen wir uns zunächst an, was passieren würde, wenn Sie einfach jedes Mal eine Kauf- oder Verkaufsposition eröffnen würden, sobald eine neue Candlestick Formation im Chart erscheint.

Dazu untersuchen wir die Kurse der 10 DAX Unternehmen mit der höchsten Marktkapitalisierung und prüfen, wie oft in den letzten 20 Jahren eine Candlestick Formation in den Charts dieser Aktien aufgetaucht ist und welcher Gewinn mit diesen Formationen erzielt werden konnte.

Wir beschränken uns bei unserer Untersuchung auf sechs der bekanntesten Candlestick Formationen und testen die Performance der Hammer Formation, des Shooting Stars, des bullischen und des bearischen Engulfing Patterns sowie des Bullish und des Bearish Harami Patterns. Alle sechs untersuchten Kerzenformationen zählen zu den am häufigsten im Trading verwendeten Candlestick For-

117

mationen und wurden auch schon im Verlauf von anderen Studien untersucht.

Für jede dieser sechs Formationen sollen nun die Gewinnhäufigkeit und der durchschnittliche Gewinn pro Trade ermittelt werden. Als Betrachtungszeitraum wurde der Zeitraum zwischen dem ersten Handelstag des Jahres 2000 und dem ersten Handelstag des Jahres 2024 gewählt. Bei dem untersuchten Zeitraum handelt es sich um einen relativ langen Zeitraum, in dessen Verlauf es sowohl zu langfristigen Aufwärts- und Abwärtstrends als auch zu einigen abrupten Kurseinbrüchen gekommen ist. Der betrachtete Zeitraum deckt also eine Vielzahl von verschiedenen Kursbewegungen ab.

Untersuchte Kerzenformationen

Insgesamt wurden 2042 Kerzenformationen in die Studie aufgenommen. Eine solche Analyse kann natürlich nicht von Hand durchgeführt werden. Stattdessen wurde für jede der sechs Candlestick Formationen ein kleines Programm geschrieben, das die gesuchte Formation automatisch erkennt und den Gewinn oder Verlust des Trades berechnet. Die genauen Kriterien für die einzelnen Formationen finden Sie im Appendix im Anhang des Buches.

Bei allen der untersuchten Formationen handelt es sich um Umkehrformationen, bei denen der Kurs gegen die Richtung des vorherigen Trends ausbricht und dadurch eine Trendwende einleitet. Daraus folgernd muss es vor den Formationen also immer eine Kursbewegung gegen die Ausbruchsrichtung gegeben haben. Bei einer Hammer Formation müssen die Kurse beispielsweise zumindest kurzfristig vor der Formation gefallen sein. Bei einer bearischen Formation müssen die Kurse hingegen vor der Formation gestiegen sein.

Wie bringt man nun einem Computer bei, was eine kurzfristige Aufwärts- oder Abwärtsbewegung ist? Zu diesem Problem gibt es eine Reihe von verschiedenen Lösungsansätzen. Die meisten betrachten dazu entweder die Kerzen vor der Formation oder arbeiten mit kurzfristigen gleitenden Durchschnitten. Keine der Methoden ist perfekt, allerdings ist es allemal besser, den Computer nach festen Regeln vorgehen zu lassen, als selbst subjektiv zu entscheiden, wann eine Trendbewegung vorliegt und wann nicht.

Am Ende habe ich mich dazu entschieden, nur die Formationen herauszufiltern, bei denen sich direkt vor der Kerzenformation zwei aufeinanderfolgende Gegenkerzen herausgebildet haben. Vor einer bullischen Formation, wie etwa dem Hammer, müssen sich also zwei schwarze Kerzen befinden. Die beiden letzten Kerzen vor einer bearischen Formation müssen hingegen weiß gefärbt sein.

Diese Regeln sind relativ strikt und schließen dadurch sicherlich auch einige Formationen aus, die von vielen Tradern gehandelt werden würden. Der Vorteil dieser Methode ist, dass sie im Vergleich zu anderen Methoden mehr Formationen aussortiert, die nicht auf eine Gegenbewegung folgen und damit eigentlich die Kriterien für eine Umkehrfunktion nicht erfüllen würden. Die gewählte Methode berücksichtigt also weniger Formationen, dafür entsprechen die von der Methode gefundenen Candlestick Formationen allerdings immer den im vorherigen Kapitel vorgestellten Kriterien für die einzelnen Formationen.

Bevor ich mich für diesen Ansatz entschieden habe, habe ich einige andere Methoden ausprobiert, und die Ergebnisse weichen nicht allzu stark voneinander ab. Im zweiten Teil dieses Kapitels gehe ich auf einige wissenschaftliche Studien zum Thema Candlestick Formationen ein. Diese Studien verwendeten ebenfalls eine Reihe von verschiedenen Methoden und kamen meistens auch zu ähnlichen Ergebnissen.

Einstieg in neue Position

Nachdem eine Candlestick Formation im Chart einer Aktie entdeckt wurde, musste noch geprüft werden, ob es nach dem Erscheinen der Formation zu einem Einstieg gekommen wäre. Wie Sie bereits im vorherigen Kapitel gelernt haben, brauchen die meisten Kerzenformationen eine Bestätigung. Dazu muss der Kurs am Folgetag entweder über das Hoch der Vorkerze steigen oder unter den tiefsten Punkt der vorherigen Kerze fallen.

Bei einer bullischen Formation wurde also eine fiktive Kaufposition am Folgetag eröffnet, wenn der Kurs über das Hoch der letzten Kerze der Kerzenformation gestiegen war. Analog dazu wurde bei einer bearischen Candlestick Formation am Folgetag eine Short Position eröffnet, sobald der Kurs unter das Tief der letzten Kerze gefallen war. Der Einstieg wurde mithilfe einer Stop Order vorgenommen. Diese wurde entweder oberhalb des oberen Schattens der vorherigen Kerze (Kauf) oder unterhalb des unteren Schattens der Vorkerze (Short) positioniert.

Ausstiege

Der Ausstieg aus einer Position erfolgte automatisch nach Ablauf einer bestimmten Anzahl von Tagen. Getestet wurden hier insgesamt drei verschiedene Szenarien. Beim ersten Szenario erfolgte der Ausstieg nach einem Tag, beim zweiten Szenario wurde erst nach Ablauf von zwei Tagen ausgestiegen und beim dritten Szenario wurde fünf Tage bis zum Ausstieg gewartet. Eine eröffnete Position wurde also nach einem, nach zwei oder nach fünf Tagen wieder geschlossen. Der Ausstieg erfolgte dabei immer zum Eröffnungskurs des Folgetages. Bei einem Trade über 5 Tage wurde eine Position also am Tag nach der Kerzenformation eröffnet und am sechsten Tag zur Handelseröffnung wieder geschlossen.

Ergebnisse

In der ersten Tabelle können Sie sehen, welcher durchschnittliche Gewinn mit den einzelnen Candlestick Formationen pro Trade erzielt werden konnte. Die Gewinne sind jeweils in Prozent angegeben. Beim Bullish Engulfing Pattern musste also beispielsweise bei einem Ausstieg nach einem Tag ein durchschnittlicher Verlust von -0,146 Prozent pro Trade hingenommen werden.

Kerzenformation	1 Tag	2 Tage	5 Tage
Bullish Engulfing	-0,146	-0,2523	0,0978
Bullish Harami	0,1641	0,0348	0,099
Hammer	0,026	0,082	0,4513
Bearish Engulfing	-0,0918	-0,2623	-0,1146
Bearish Harami	-0,17	-0,2723	-0,464
Shooting Star	-0,2137	0,0359	0,25637

Der Blick in die Tabelle zeigt, dass die durchschnittlichen Gewinne nicht allzu überzeugend waren. Zwar kam es bei den bullischen Formationen in den meisten Fällen zu einem Gewinn, allerdings lag dieser in allen Fällen unter 0,5 Prozent. Das beste durchschnittliche Ergebnis konnte mit der Hammer Formation erzielt werden. Hier konnte nach einem Ausstieg nach 5 Tagen ein durchschnittlicher Gewinn von 0,45 Prozent verbucht werden. Überwältigend ist dieses Ergebnis allerdings selbst hier nicht. Bei einem Investment von 10.000€ wären pro Trade im Durchschnitt 45€ verdient worden. Dieser Wert ist wohlgemerkt vor Transaktionskosten.

Bei anderen bullischen Formationen fiel der erzielte Gewinn häufig deutlich niedriger aus. Noch schlechter sah es bei den bearischen Candlestick Formationen aus. Hier wurde im Durchschnitt bei einem Einstieg in eine Short Position Geld verloren. Lediglich der Shooting Star stach hier positiv hervor. Hier konnte zumindest bei einem Ausstieg nach zwei oder fünf Tagen ein Gewinn erzielt werden. Allerdings wurden von dieser Kerzenformation deutlich weniger Formationen gefunden als von den anderen untersuchten Candlestick Formationen.

Kerzenformation	1 Tag	2 Tage	5 Tage
Bullish Engulfing	43,66%	45,15%	48,13%
Bullish Harami	53,56%	50,59%	51,58%
Hammer	47,58%	50,39%	55,04%
Bearish Engulfing	46,91%	41,09%	46,92%
Bearish Harami	44,95%	43,43%	44,95%
Shooting Star	47,62%	50,79%	53,97%

Die zweite Tabelle zeigt, wie oft ein Trade nach einer Kerzenformation mit einem Gewinn endete. Auch hier schnitten Bullish Harami, Hammer und Shooting Star etwas besser ab als die anderen Formationen. Zumindest bei den „längerfristigen" Strategien, die nach 2 und 5 Tagen ausstiegen, konnten bei diesen drei Candlestick Formationen mehr als die Hälfte der Trades mit einem Gewinn abgeschlossen werden. Allerdings lag auch hier die Trefferquote immer nur knapp über 50 Prozent. Im Gegensatz dazu schlossen die anderen drei Candlestick Formationen in der Mehrzahl der Fälle mit einem Verlust.

Studien zu Candlestick Formationen

Die oben vorgestellte Untersuchung befasst sich ausschließlich mit deutschen Aktien. Es gibt aber eine ganze Reihe von anderen Studien zum Thema Candlestick Charts, die sich auch mit anderen Aktienmärkten befassen.

Wie nicht anders zu erwarten, kamen nicht alle diese Studien zu demselben Ergebnis. Das hängt zu einem guten Teil damit zusammen, dass nicht exakt dasselbe getestet wurde und auch die Testmethoden voneinander abwichen.

Der ausführlichste Test wurde wohl von Thomas Bulkowski in seinem Buch *Enzyklopädie der Candlesticks* durchgeführt. Bulkowski hat die Performance von mehr als 100 Candlestick Formationen untersucht. Dabei hat er sich vor allem auf die Aktien des S&P 500 Index konzentriert. Er betrachtete dabei die Kurse aller 500 Aktien des S&P über einen Zeitraum von 10 Jahren.

Unter anderem prüfte er in seinen Studien, wie oft sich der Kurs nach einer Candlestick Formation in die von der Formation prognostizierte Richtung bewegt hat. Bei einer bullischen Umkehrformation zählte er also, wie oft der Kurs zuerst über das Hoch der Formation gestiegen ist und wie oft er zuerst unter das Tief der Formation gefallen ist. Bei einigen Formationen zeigte sich, dass sich der Kurs in beinahe 50 Prozent der Fälle zuerst in die falsche Richtung bewegte.

Bulkowski hat auch untersucht, wie sich der Kurs bei den Aktien entwickelt hat, bei denen der Kurs in die richtige Richtung ausgebrochen ist. Dabei zeigte sich, dass bei den meisten Candlestick Formationen im Durchschnitt sowohl nach einem Tag, nach 5 Tagen und auch nach 10 Tagen ein Gewinn erzielt werden konnte.

Ein weiteres wichtiges Werk zum Thema Kerzencharts ist das Buch von Gregory Morris (2006). Morris hat in seinem Buch ebenfalls eine große Bandbreite an Kerzenformationen untersucht. Als

Betrachtungsbasis dienten ihm ganze 7275 Aktien. Er untersuchte, welche Performance mit den einzelnen Kerzenformationen in einem Zeitraum zwischen 1 bis 7 Tagen erzielt werden konnte. Auch bei dieser Untersuchung zeigte sich, dass die meisten Formationen eine Trefferquote von etwa 50 Prozent haben. Auffällig war hier, dass die bullischen Formationen meistens etwas besser abschnitten als die bearischen Formationen.

Neben den oben erwähnten beiden Büchern wurden Candlestick Formationen auch in einer Reihe von wissenschaftlichen Artikeln untersucht.

Die wahrscheinlich erste publizierte Untersuchung wurde von Caginalp und Laurent (1998) durchgeführt. Die Autoren untersuchten Candlestick Formationen im S&P Index und zeigten, dass durch den Handel mit Candlesticks ein Profit erzielt werden konnte.

Eine Studie von Marshall, Young und Rose (2006), die nicht die Aktien des S&P Index, sondern die im Dow Jones Index gelisteten Aktien betrachtete, kam hingegen zu dem Ergebnis, dass Candlestick Formationen keine Vorhersagekraft haben und das Trading mit Candlesticks nicht profitabel ist. Eine weitere Studie von Marshall, Young und Cahan (2008) zum japanischen Aktienmarkt kam zu ähnlichen Ergebnissen.

Relativ viele Studien gibt es zum taiwanesischen Aktienmarkt.

Goo, Chen und Chang (2007) testeten insgesamt 26 Candlestick Formationen im taiwanesischen Aktienmarkt und stellten in ihrer Studie fest, dass mit einigen Candlestick Formationen Gewinne erzielt werden können, zumindest wenn die Trading Positionen über mehrere Tage gehalten werden. Diese Gewinne fielen im Durchschnitt sogar noch höher aus, wenn die Positionen mit einer Stop Loss Order zur Verlustbegrenzung gesichert waren.

Shiu und Lu (2011) untersuchten ebenfalls taiwanesische Aktien und konnten zumindest bei einigen Candlestick Formationen zeigen, dass mit diesen Formationen im Beobachtungszeitraum Gewinne erzielt worden wären. Bei anderen Formationen kamen sie hingegen zu gemischten Ergebnissen.

Lu, Shiu und Liu (2012) testeten in ihrer Studie eine etwas langfristigere Strategie, bei der nach einem Einstieg erst wieder nach dem Auftauchen eines Gegensignals aus einer Position ausgestiegen wurde. Sie stellten dabei fest, dass zumindest bullische Candlestick Formationen auf diese Weise erfolgreich getradet werden konnten.

In einer Studie zum thailändischen SET 50 Index fanden Tharavanij, Sirappasiri und Rajchamaha (2017) wiederum keine besondere Prognosekraft bei den von ihnen untersuchten Kerzenformationen.

Konklusion

Bei den meisten der oben beschriebenen Studien zeigten sich einige Gemeinsamkeiten. Die in den Studien getesteten Candlestick Formationen hatten selten eine Trefferquote von deutlich mehr als 50 Prozent, in vielen Fällen lag die Quote sogar deutlich darunter. Mit Ausnahmen der taiwanesischen Studien, bei denen es teilweise zu deutlich besseren Ergebnissen kam, konnte mit Candlestick Formationen auch kein überzeugender Gewinn erzielt werden.

Die Studien zeigen also, dass es keine besonders erfolgversprechende Strategie ist, einfach jedes Mal eine neue Position zu eröffnen, wenn eine Candlestick Formation im Chart erscheint.

Was die oben genannten Studien allerdings allesamt nicht berücksichtigt haben, ist die Position der Candlestick Formationen im Chart. Zwar wurde der kurzfristige Trend gemessen, aber es wurde nicht geprüft, ob sich eine Formation innerhalb eines langfristigen Aufwärts- oder Abwärtstrends befand oder ob sich die Formation in der Nähe einer Unterstützung oder einer Widerstandszone herausgebildet hat.

Allerdings hat sich in der Vergangenheit gezeigt, dass gerade die Lage einer Candlestick Formation einen großen Einfluss auf die Performance der Formation hat. Tritt beispielsweise eine Umkehrformation im Bereich einer Unterstützungslinie auf, so verstärken sich die beiden Chartsignale und die Wahrscheinlichkeit einer Trendumkehr steigt.

Ebenso hat sich gezeigt, dass Candlestick Signale in Richtung des langfristigen Trends eine höhere Erfolgswahrscheinlichkeit haben als Signale gegen den Trend.

In den folgenden beiden Kapiteln werden wir uns daher zuerst den Widerstands- und Unterstützungszonen widmen und uns danach mit dem Trading von Candlestick Formationen nach einem Ausbruch befassen.

Kapitel 7

Unterstützungen und Widerstände

Als Unterstützungs- und Widerstandszonen werden Bereiche im Chart bezeichnet, die vom Kurs nur schwer durchbrochen werden können.

Eine Widerstandszone stellt dabei eine Barriere nach oben dar. An diesem Punkt tut sich der Kurs schwer, weiter zu steigen.

Eine Unterstützungszone bildet dagegen eine Absicherung nach unten, die nur schwer von einem fallenden Kurs überwunden werden kann.

Unterstützungen

Wenden wir uns zunächst den Unterstützungszonen zu. Eine Unterstützungszone befindet sich im Chart meistens in der Nähe eines markanten Punktes, an dem der Kurs bereits zuvor mindestens einmal nach einem Einbruch wieder nach oben gedreht hat.

Als Beispiel sehen wir uns dazu den obenstehenden Chart an. Auf der linken Seite des Charts befand sich der Kurs in einer Aufwärtsbewegung. Dann aber kam es bei Punkt 1 zu einem kurzfristigen Kurswechsel. Der Kurs bewegte sich über mehrere Tage hinweg abwärts. Diese Abwärtsbewegung ist durch den ersten Pfeil markiert.

Allerdings währte der Kursrücksetzer nicht allzu lange, denn bei Punkt 2 konnte sich der Kurs bereits wieder fangen und bewegte sich im Anschluss daran erneut nach oben.

Das Tief bei Punkt 2 ist damit der tiefste Punkt der kurzfristigen Abwärtsbewegung und bildet dadurch eine neue Unterstützung nach unten. Sollte der Kurs zu einem späteren Zeitpunkt erneut nach unten drehen und sich in Richtung der Unterstützung bewegen, werden viele Trader an diesem Punkt mit einer erneuten Trendumkehr rechnen und sich dementsprechend positionieren.

Eine solche Unterstützungszone wird noch deutlich stärker, wenn der Kurs mehrfach auf derselben Höhe abprallt.

In unserer zweiten Abbildung hat sich der Kurs nach dem ersten Abpraller bei Punkt 2. zunächst einmal wieder etwas erholt. Dann aber kam es zu einem erneuten Rücksetzer, an dessen Ende der Kurs erneut auf Höhe von Punkt 2 umdrehte. Die Unterstützung bei Punkt 2. wurde also zum zweiten Mal vom Kurs getestet und erwies sich auch diesmal als stark genug, um den Kurs zur Umkehr zu zwingen.

Punkt 2 und der neue Umkehrpunkt 3 können nun mit einer Linie verbunden werden, der sogenannten Unterstützungslinie. Diese Unterstützungslinie sticht schon optisch im Chart heraus und wird von vielen Tradern als eine starke Barriere nach unten wahrgenommen, da hier der Kurs bereits zweimal nach einem Kursrückgang wieder gedreht hat.

Viele Orders nahe der Unterstützung

Sowohl einzelne kurzfristige Tiefs als auch Unterstützungslinien sind relativ markante Punkte im Chart. Aus diesem Grund platzieren hier besonders viele Trader ihre Orders.

Dabei werden sowohl Kauforders platziert, um nach dem Erreichen des alten Tiefs in eine neue Position einzusteigen, als auch Verkaufsorders, die eine bestehende Position schließen, falls der Kurs unter das Tief fällt. In der Nähe desselben Tiefs können sich daher gleichzeitig sowohl eine große Zahl an Kauforders als auch an Verkaufsorders befinden.

Bei vielen dieser Orders wird es sich dabei um Stop Orders handeln. Stop Orders werden von vielen Tradern sowohl dazu genutzt, um in eine neue Position einzusteigen, als auch aus einer bestehenden Position wieder auszusteigen.

- Eine Stop Kauforder dient dem Kauf eines Wertpapiers. Die Stop Order wird dazu oberhalb des aktuellen Kurses platziert. Steigt der Kurs zu einem späteren Zeitpunkt und erreicht den in der Stop Order festgelegten Wert, so wird das Wertpapier gekauft.

- Bei einer Stop Verkaufsorder wird ein Kurs unterhalb des aktuellen Kurses festgelegt. Wird dieser Kurs erreicht, wird das Wertpapier automatisch verkauft.

Um besser zu verstehen, wie eine Stop Verkaufsorder funktioniert, schauen wir uns noch einmal den Chart von vorhin an. Nachdem die Aktie bei Punkt 3 gedreht hat, hat sich eine Traderin dazu entschlossen, die Aktie zu kaufen, da sie mit einem Trendwechsel rechnet. Zwar erwartet sie einen Kursanstieg, dennoch möchte sie sich gegen mögliche Verluste absichern, falls sich der Kurs wider Erwarten doch in die Gegenrichtung bewegt.

Sie geht davon aus, dass die Aktie weiter fallen wird, falls der Kurs unter das Tief bei Punkt 3 fällt. Daher setzt sie eine Stop Verkaufsorder knapp unterhalb des tiefsten Punktes des Tiefs. Würde der tiefste Punkt beispielsweise bei 99,83 € liegen, könnte die Verkaufsorder bei 99,50€ platziert werden. Fällt der Kurs nun auf oder unter 99,50€, wird automatisch eine Verkaufsorder am Markt platziert und die Aktie wird zum nächstmöglichen Kurs verkauft. Die Verkaufsorder wird also aktiviert, nachdem die Unterstützungslinie durchbrochen wurde.

Der Bruch einer Unterstützungslinie gilt allgemein als sehr bearisches Signal, das häufig zu stark fallenden Kursen führt. Aus diesem Grund befinden sich knapp unterhalb einer Unterstützungslinie häufig besonders viele Verkaufsorders. Teilweise werden diese gesetzt, um eine bestehende Position abzusichern (wie in unserem Beispiel). Teilweise wird auch nach dem Bruch der Linie eine neue Short Position eröffnet, um auf weiter fallende Kurse zu spekulieren.

Unterhalb einer Unterstützungszone befinden sich also häufig eine größere Anzahl von Verkaufsorders.

Interessanterweise haben wir aber genau am selben Punkt auch eine größere Anzahl von Tradern, die hier planen, eine neue Kaufposition zu eröffnen. Diese Trader erwarten allerdings keinen Durchbruch durch die Linie, sondern rechnen mit einem erneuten Abpraller und einem darauffolgenden Kursanstieg.

Der dritte Chart zeigt den Kurs derselben Aktie, nur sind jetzt einige weitere Tage vergangen. Nach einer kurzen Aufwärtsbewegung hat sich der Kurs wieder dem alten Tief angenähert. Viele bullisch eingestellte Trader werden nun erwarten, dass der Kurs erneut vom vorherigen Tief abprallt und danach weiter steigt. Die risikofreudigeren dieser Trader werden direkt einsteigen, sobald der Kurs das Tief erreicht. Die meisten werden allerdings mit ihrem Einstieg abwarten, bis es sicher ist, dass der Kurs wieder nach oben dreht.

Im Bereich einer Unterstützungszone stehen sich also Anleger mit vollkommen unterschiedlichen Markterwartungen gegenüber. Wir haben zum einen die Verkaufsorders derjenigen Trader, die nach dem Bruch der Unterstützungslinie mit weiter fallenden Kursen rechnen, und gleichzeitig eine Reihe von Tradern, die am selben Punkt auf einen Trendwechsel hoffen. Erreicht der Kurs den Bereich der Unterstützungszone, wird es daher zu einer schlagartigen Zunahme an Trading Aktivitäten kommen.

Was passiert nun, wenn sich der Kurs der vorherigen Unterstützung nähert? Im Grunde können drei Szenarien eintreten.

Szenario 1

Im ersten Szenario passiert genau das Gleiche wie beim letzten Annähern an das Tief. Der Kurs dreht vor Erreichen der Unterstützungslinie und daher auch vor dem Erreichen der meisten Stop Verkaufsorders wieder nach oben und leitet so einen Trendwechsel ein. Die Trader, die bereits mit einer Trendumkehr gerechnet haben, steigen an diesem Punkt ein und kaufen die Aktie. Durch die neuen Käufe wird der Kurs weiter nach oben getrieben und die Aktie steigt.

Szenario 2

Beim zweiten Szenario fällt der Kurs unter das vorherige Tief und löst dadurch die ersten Verkaufsorders aus. Dadurch kommt es zunächst zu einem starken Verkaufsdruck. Je weiter sich der Kurs nach unten bewegt, desto mehr Stop Verkaufsorders werden ausgelöst.

Die Frage ist nun, ob der gestiegene Zahl an Verkäufern eine ebenso große Zahl an Käufern gegenübersteht. Finden sich gleichzeitig auf der Käuferseite nicht genügend Abnehmer, kommt es zu einem starken Kurseinbruch. In diesem Fall können die Kurse relativ schlagartig nach unten fallen.

An irgendeinem Punkt sind dann aber alle Verkauf Orders ausgelöst. Kommen jetzt keine neuen Verkaufsorders hinzu, verliert die Abwärtsbewegung an Dynamik und es kann sogar zu einem Trendwechsel kommen.

In unserem Szenario setzt sich die Abwärtsbewegung aber fort, weil durch den Kurseinbruch weitere Verkäufer angelockt wurden und so der Kurs weiter nach unten gedrückt wird. Dies ist das Szenario, wegen dem viele Trader zur Absicherung eine Verkaufsorder unterhalb von markanten Tiefs im Chart setzten.

Szenario 3

Szenario 3 ist der Albtraum aller Short Trader. Auch hier durchbricht der Kurs zunächst die Unterstützungslinie und löst dadurch die unter der Linie befindlichen Verkaufsorders aus.

Nachdem die Verkaufsorders abgearbeitet sind, finden sich aber diesmal keine neuen Verkäufer und der Verkaufsdruck ebbt nach dem ersten Kurseinbruch deutlich ab. Dies lockt neue Käufer auf den Plan, die auf eine Kurswende spekulieren.

Der Kurs beginnt daher wieder zu drehen. Da die meisten Trader, die ihre Aktien verkaufen wollten, bereits verkauft haben, finden sich nun keine neuen Verkäufer, die bereit sind, ihre Aktien abzugeben. Die Nachfrage übersteigt dadurch das Angebot, was zu weiter steigenden Kursen führt. Daraus resultierend kommt es nach der heftigen Abwärtsbewegung zu einer ebenso heftigen Gegenbewegung.

An dieser Stelle hat uns der Markt mehrere Informationen gegeben.

1. Die meisten Trader, die die Aktie verkaufen wollten, sind mittlerweile ausgestiegen.

2. Unterhalb der früheren Unterstützung haben sich keine weiteren Verkäufer gefunden, die den Kurs weiter nach unten treiben konnten. Die meisten Marktteilnehmer sind also nicht bearisch eingestellt.

Wir können davon ausgehen, dass auch andere Trader den Abpraller von der Unterstützung beobachtet haben und nun nach dem Trendwechsel einsteigen wollen. Oberhalb der alten Unterstützung werden sich daher mit aller Wahrscheinlichkeit weitere Käufer finden.

All dies spricht dafür, dass auch im Szenario 3 mit weiter steigenden Kursen zu rechnen ist.

Einstieg nach den Szenarien 1 und 3

In den Szenarien 1 und 3 ist also mit einem Trendwechsel und weiter steigenden Kursen zu rechnen. Hier erscheint daher ein Einstieg auf der Long Seite erfolgversprechend. Die Frage ist nun, wann genau der Trendwechsel abgeschlossen ist und wann daraus folgernd in eine neue Position eingestiegen werden sollte. Hier kann ein Blick in den Kerzenchart helfen.

Abpraller im Kerzenchart

Ein Trendwechsel nach einem Abpraller von einer Unterstützung ist deutlich wahrscheinlicher, wenn sich im Kerzenchart gleichzeitig eine Umkehrformation herausbildet. Die wichtigsten Candlestick Umkehrformationen haben Sie bereits im Kapitel 5 kennengelernt. Einige Umkehrformationen finden sich besonders häufig im Bereich von Unterstützungszonen.

Fand der Trendwechsel innerhalb eines Tages statt, bildet sich meistens eine Hammer Formation heraus. Die Hammer Formation ist die wahrscheinlich häufigste Umkehrformation an einer Unterstützungslinie. Der Kurs bewegt sich nach dem Bruch der Unterstützung zunächst einmal stark nach unten. Dann aber setzt der Trendwechsel ein und der Kurs schnellt genauso steil wieder nach oben, sodass sich im Tageschart eine Kerze mit einem langen unteren Schatten herausbildet.

In anderen Fällen eröffnet der Kurs schon zur Kurseröffnung mit einem starken Abwärtsgap und fällt dadurch gleich zu Beginn des Handelstages unter die Unterstützung. Gelingt es dem Kurs danach wieder, das Gap zu schließen und eine lange weiße Gegenkerze auszubilden, erhalten wir häufig ein Piercing Pattern oder sogar ein Bullish Engulfing Pattern.

Manchmal findet der Trendwechsel auch im Verlauf von mehreren Tagen statt. Hier könnten sich beispielsweise eine Morning Star Formation oder ein Tower Bottom herausbilden. Wichtig bei mehrtägigen Formationen ist, dass der Kurs am Ende der Formation wieder über der Unterstützung schließen muss. Tut er dies nicht, sollte abgewartet werden, bis sich der Kurs an einem der Folgetage wieder über die Unterstützung bewegt.

Generell kann jede Umkehrformation im Kerzenchart nach einem Abpraller gehandelt werden. Es ist auch weniger wichtig, ob der Kurs schon auf Höhe der Unterstützung umkehrt (Szenario 1) oder ob er kurzfristig unter die Unterstützung fällt und erst dann dreht (Szenario 3). Wichtig ist lediglich, dass er sich nach dem Durchbruch wieder über der Unterstützung befindet.

Trading von Abprallern

Wie Sie bereits im Kapitel über die einzelnen Candlestick Formationen erfahren haben, benötigen die meisten Formationen eine Bestätigung, bevor eine Trading Position eröffnet werden kann.

Bei den meisten bullischen Formationen reicht es dabei aus, wenn der Kurs über das Hoch der Vorkerze steigt. Kommt es auf Höhe einer Unterstützung zu einer bullischen Umkehrformation, muss also mit dem Einstieg gewartet werden, bis der Kurs über den höchsten Punkt des oberen Schattens der vorherigen Kerze steigt.

Schauen wir uns als Beispiel den obenstehenden Chart an. Die gestrichelte Linie im Chart zeigt die Position des letzten Tiefs an.

Am Tag der letzten Kerze kam es zu einem Bruch der Linie. Direkt nach dem Durchbruch durch die Linie brach der Kurs zunächst einmal deutlich ein. Dann aber kam es noch innerhalb desselben Tages zu einer heftigen Gegenbewegung, sodass sich am Ende des Tages eine Hammer Kerze mit einem langen unteren Schatten herausgebildet hat.

Gemäß den Trading Regeln für die Hammer Formation sollte nun am nächsten Tag eine Kaufposition eröffnet werden, sobald der Kurs über den oberen Schatten der Kerze steigt.

In unserem Beispiel liegt das Hoch der Hammerkerze bei 47,70€. Das Hoch ist im Chart durch die obere Linie (Pfeil 1) gekennzeichnet. Überschreitet der Kurs diesen Wert, wird die Aktie gekauft.

Der Kauf kann dabei in Form eines direkten Einstiegs oder mithilfe einer Stop Order erfolgen.

Beim direkten Einstieg wird selbstständig eine neue Kauforder gesetzt, sobald der Kurs die 47,70€ überspringt. Dies verlangt natürlich, dass der Kurs ständig im Auge behalten werden muss, da sonst der richtige Moment für den Einstieg verpasst werden könnte.

Eine Alternative dazu ist der Einstieg per Stop Kauforder. Hierzu wird eine Stop Order auf oder knapp oberhalb der Schwelle von 47,70€ positioniert. Wird der in der Order festgelegte Wert erreicht, erhält Ihr Broker automatisch den Auftrag, die Aktie zum nächstmöglichen Kurs zu kaufen.

Verluststopps

Mit dem Kauf sollte gleichzeitig eine Stop Verkaufsorder als Verluststopp knapp unterhalb der Kerzenformation platziert werden. Mit Verluststopps befassen wir uns in einem späteren Kapitel noch einmal deutlich ausführlicher. Verkürzt ausgedrückt dient ein Verluststopp dazu, die Position im Falle eines Kurseinbruchs frühzeitig zu verkaufen und Sie dadurch vor größeren Verlusten zu schützen. Dazu wird eine Stop Verkaufsorder an einem Punkt unterhalb des Einstiegskurses platziert. Kommt es nun wider Erwarten zu einem Kurseinbruch, wird die Stop Order automatisch ausgelöst und die Position wird mit einem kleinen Verlust verkauft.

Bei bullischen Kerzenformationen wird ein solcher Verluststopp in der Regel etwas unterhalb des tiefsten Punktes der Kerzenformation platziert. In unserem Beispiel liegt die Stop Verkaufsorder daher knapp unterhalb des unteren Schattens der Hammerkerze bei 45,80€. Die Position der Stop Verkaufsorder ist im Chart durch die untere Linie (Pfeil 2) markiert.

Ausstiege

Nachdem wir den Einstiegskurs und den potentiellen Ausstiegskurs im Verlustfall bestimmt haben, müssen wir nun für uns festlegen, wann wir im Erfolgsfall wieder aus dem Trade aussteigen möchten.

Bewährt hat sich bei dieser Art von Trades ein Ausstieg per nachgezogenem Stoppkurs. Der erste Stoppkurs wurde bereits in Form des Verluststopps unterhalb des Tiefs der Kerzenformation gesetzt. Dieser Stoppkurs wird nun Schritt für Schritt nach oben verschoben, bis der Kurs irgendwann unter den Kurs der Stop Order fällt und die Aktie dadurch automatisch verkauft wird.

Hier stellt sich die Frage, wann und wie nah am Kurs die neuen Stopps platziert werden sollen. Werden die Stop Orders zu nah am Kurs platziert, besteht die Gefahr, dass der Trade bei einer kurzfristigen Gegenbewegung ausgestoppt wird und dadurch ein Großteil der Kursbewegung verpasst wird. Ist der Stoppkurs hingegen zu weit entfernt, wird die Position erst geschlossen, nachdem die Aktie nach dem Ende der Aufwärtsbewegung den Großteil ihrer Gewinne bereits wieder abgegeben hat. Es gilt also, eine Balance zwischen zu weiten und zu engen Stopps zu finden.

In der Vergangenheit hat sich gezeigt, dass mit einer Strategie, bei der unter jeder neuen schwarzen Kerze ein neuer Stoppkurs gesetzt wurde, die besten Resultate erzielt werden konnten.

Wir schauen uns diese Strategie in unserem Beispiel an. Seit dem Auftauchen der Hammer Formation sind mittlerweile einige Tage vergangen. Am Tag nach der Hammer Formation ist der Kurs über den oberen Schatten der Hammerkerze gestiegen und hat dadurch die Kauforder ausgelöst. Gleichzeitig wurde unter dem unteren Schatten eine Stop Verkaufsorder zur Absicherung gesetzt. Diese Order ist immer noch aktiv, da der Kurs nie unter den Verluststopp gefallen ist.

Auf die Hammerkerze folgten zwei weiße Kerzen. Hier wurde der Verluststopp daher nicht verschoben. Der Stopp blieb also bei 45,80€.

Dann aber erscheint mit der dritten Kerze die erste schwarze Kerze. An diesem Tag ist der Kurs also auf Tagessicht gefallen. Wir ziehen daher den Stoppkurs auf den unteren Schatten der schwarzen Kerze nach. Dazu platzieren wir eine neue Stop Verkaufsorder unter dem Tief der neuen Kerze und löschen gleichzeitig die alte Verkaufsorder unterhalb der Hammerkerze.

Wie Sie sehen, liegt der Stoppkurs in diesem Beispiel bereits oberhalb des Einstiegskurses. Würde die Aktie hier ausgestoppt werden, würde der Trade bereits mit einem Gewinn beendet werden. Dies muss nicht immer der Fall sein. Manchmal liegt der zweite Stopp immer noch unterhalb des Einstiegskurses. In diesem Fall wird mit dem ersten Nachziehen des Stoppkurses lediglich der potentielle Verlust reduziert.

Wir wenden uns nun wieder unserem Chart zu. Erneut sind einige Tage hinzugekommen. Der vierte Tag schloss wieder mit einer weißen Kerze, sodass hier der Stoppkurs unverändert blieb. Die fünfte Kerze ist dann aber erneut eine schwarze Kerze. Daher wird hier eine neue Stop Verkaufsorder unterhalb des unteren Schattens der neuen schwarzen Kerze bei einem Kurs von 50,20€ platziert.

Am Folgetag bewegt sich der Kurs unter den Wert der Stop Order. Dadurch wird die Aktie automatisch verkauft. Bei einem Einstiegskurs von 47,70€ und einem Ausstiegskurs von 50,20€ wären mit diesem Trade 2,50€ verdient worden (ohne Berücksichtigung von Transaktionskosten wie Brokergebühren).

Widerstände

Das Gegenstück zur Unterstützung ist der Widerstand. Während sich eine Unterstützung auf Höhe eines temporären Tiefs befindet, liegt eine Widerstandszone oberhalb eines vorherigen Hochs.

Liegen mehrere Hochs auf der gleichen Höhe, können sie mit einer waagerechten Linie verbunden werden. Diese Linie wird als Widerstandslinie bezeichnet. Je öfter der Kurs am selben Hoch abgeprallt ist, umso stärker ist die Widerstandszone und desto größer ist die Wahrscheinlichkeit, dass der Kurs bei einem erneuten Erreichen der Linie wieder von dieser abprallt.

In unserem Chart zeigt der linke Pfeil ein neues temporäres Hoch an. Der Kurs ist vor dem Hoch für mehrere Tage gestiegen. Nach Erreichen des Hochs ist er wieder zurückgefallen. Am Tag des Hochs notierte der Kurs daher sowohl über den Kursen der Vortage als auch über den Kerzen der folgenden Tage. Die Widerstandszone über dem temporären Hoch ist durch die gestrichelte Linie markiert.

Der zweite Pfeil markiert einen Abpraller von der eben eingezeichneten Widerstandszone. In diesem Fall hat der Kurs bereits kurz vor dem Erreichen der Linie abgedreht. Im Chart hat sich dabei eine Tower Formation herausgebildet.

Genau wie Abpraller von einer Unterstützung können auch Abpraller von einem Widerstand gehandelt werden. Da nach einem Abpraller von einem Widerstand mit fallenden Kursen zu rechnen ist, wird hier nicht gekauft, sondern es wird mithilfe einer Short Position auf einen Kursrückgang spekuliert.

Ansonsten ähneln Einstieg und Ausstieg stark dem Vorgehen nach einer Unterstützung. Die neue Short Position wird eröffnet, sobald der Kurs unter das Tief der letzten Kerze der Kerzenformation gefallen ist. Dieser Einstieg kann per Stop Verkaufsorder erfolgen. In unserem Beispiel würde diese Stop Order unterhalb des Schattens der letzten schwarzen Kerze positioniert werden. Die Aktie würde nun automatisch (leer)verkauft werden, wenn der Kurs unter das Tief der letzten Kerze fällt. Wenn Sie mithilfe eines Put Optionsscheins oder eines Short Zertifikates auf fallende Kurse setzen wollen, würde der Schein in diesem Moment gekauft werden.

Zur Absicherung wird auch hier eine Stop Order als Verluststopp gesetzt, die die Position rechtzeitig schließt, falls sich der Kurs in die falsche Richtung bewegt. Die „falsche" Richtung ist in diesem Fall natürlich die Aufwärtsrichtung. Aus diesem Grund wird die Stop Order bei einem Abpraller von einem Widerstand nicht unterhalb, sondern oberhalb der Kerzenformation positioniert. Der Verluststopp liegt dabei knapp oberhalb des höchsten Kurses der Kerzenformation. In unserem Beispiel würde der Stopp knapp oberhalb des oberen Schattens der drittletzten Kerze gesetzt werden.

Auch beim Abpraller von einem Widerstand erfolgt der Ausstieg mithilfe eines nachgezogenen Stopps. Dabei wird diesmal oberhalb jeder neuen weißen Kerze eine neue Stop Order platziert. Wenn Sie die Aktie oder einen CFD direkt leerverkauft haben, wäre diese Order eine Stop Kauforder. Haben Sie zuvor einen Put Optionsschein oder ein Short Zertifikat gekauft, würden Sie nun eine Stop Verkaufsorder nutzen. In beiden Fällen würde die Position geschlossen werden, sobald der Kurs über den oberen Schatten der weißen Gegenkerze steigt.

Einige Tipps zum Trading von Abprallern

Die Strategie, nur nach einem Abpraller einzusteigen, führt zu einer deutlich höheren Gewinnwahrscheinlichkeit als das wahllose Traden jeder Candlestick Formation, die im Chart erscheint. Dennoch ist auch hier nicht garantiert, dass jeder Trade mit einem Gewinn enden wird. Viele Faktoren beeinflussen die Erfolgswahrscheinlichkeit eines Trades. Zwei Faktoren, die bei Abprallern besonders wichtig sind, sind die Richtung des langfristigen Trends und die Anzahl der vorherigen Abpraller.

Auf die Anzahl der vorherigen Abpraller sind wir schon zuvor eingegangen. Je öfter der Kurs vor der Formation von einer Widerstandszone oder einer Unterstützungszone abgeprallt ist, desto größer ist die Wahrscheinlichkeit, dass der Kurs erneut in diesem Bereich umkehrt. Je mehr Abpraller es vor dem aktuellen Abpraller gab, desto größer sind daher die Erfolgsaussichten eines Einstiegs.

Der zweite Faktor ist der Trend vor dem ersten Abpraller. Generell ist der Weg in Richtung des langfristigen Trends der Weg des geringsten Widerstands. Kommt es nach einer starken Trendbewegung zu einer Seitwärtsphase, so ist die Wahrscheinlichkeit groß, dass der Kurs in Richtung dieses Trends aus dieser Seitwärtsbewegung ausbricht und danach seinen vorherigen Trend wieder aufnimmt.

Ist der Kurs also im Anschluss an einen Aufwärtstrend in eine Seitwärtsbewegung übergegangen, so ist ein Ausbruch nach oben wahrscheinlicher als ein Kurseinbruch. Umgekehrt ist nach einer Gegenbewegung innerhalb eines Abwärtstrends eher mit einem Ausbruch nach unten zu rechnen.

Bevor in eine neue Trading Position eingestiegen wird, sollte daher immer zuerst die Richtung der Vorbewegung bestimmt werden.

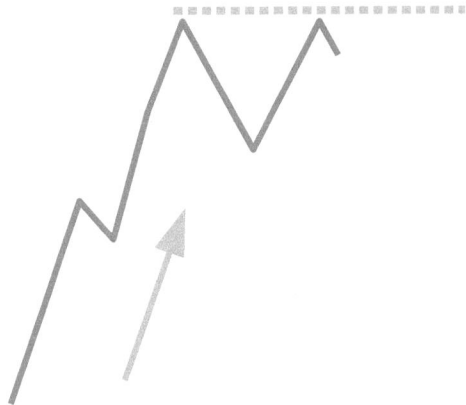

In unserem Beispiel ist der Kurs zum zweiten Mal an einer Widerstandszone abgeprallt. Allerdings zeigt ein Blick auf die Vorbewegung, dass der Kurs vor dem ersten Abpraller gestiegen ist. Vor der Formation hat sich der Kurs also in einer Aufwärtsbewegung befunden, während nach dem Abpraller auf fallende Kurse spekuliert werden würde.

Der Einstieg würde hier also gegen die Richtung des übergeordneten Trends erfolgen. Ein Einstieg ist daher in diesem Fall weniger aussichtsreich.

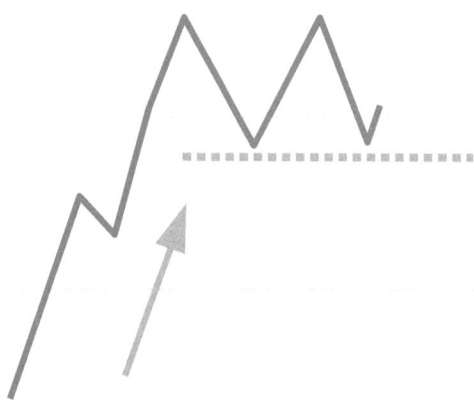

Ein paar Tage später ist der Kurs wieder etwas zurückgefallen und prallt nun an einer unteren Unterstützung ab. Jetzt erfolgt der Abpraller somit in Richtung des vorherigen Aufwärtstrends.

Trend und Trading Signal zeigen dieses Mal in dieselbe Richtung. Hier ist daher die Wahrscheinlichkeit, dass der Kurs nach der Kerzenformation für eine längere Zeit in die richtige Richtung läuft, deutlich größer. Daher sollte hier über einen Einstieg nachgedacht werden.

Kapitel 8

Candlestick Formationen nach Breakouts

Im vorherigen Kapitel haben Sie bereits gelernt, dass zwei auf derselben Höhe liegende Hochs oder Tiefs durch eine waagerechte Linie verbunden werden können. Diese Widerstands- oder Unterstützungslinien gelten als nur schwer zu durchbrechen. Aus diesem Grund kann hier häufig mit einem Abpraller gerechnet werden. Allerdings ist ein Abpraller nicht garantiert. (Aus diesem Grund sollten Sie auch immer auf das Auftauchen einer Umkehrformation warten, bevor Sie eine Position in Gegenrichtung eröffnen).

In einigen Fällen bricht der Kurs stattdessen durch die Linie durch und setzt seine Bewegung danach einfach weiter fort, ohne erneut zurückzufallen. Ein solcher Durchbruch ist als ein sehr starkes Signal zu bewerten und deutet auf eine länger anhaltende Kursbewegung in Richtung des Ausbruchs hin.

Durchbruch durch eine Widerstandslinie

Als Erstes schauen wir uns den Ausbruch aus einer Widerstandszone an. Im folgenden Chart ist der Kurs zweimal an derselben Stelle abgeprallt. Werden die beiden Hochs miteinander verbunden, erhalten wir eine Widerstandslinie.

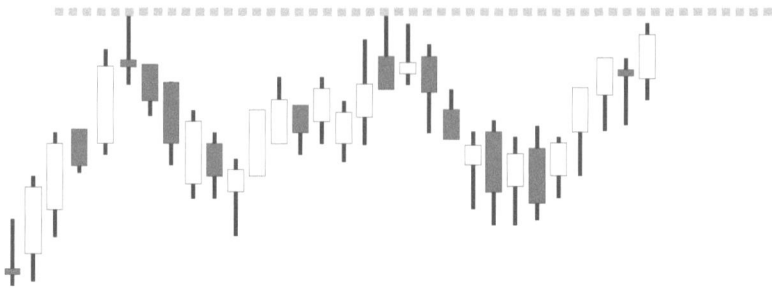

In unserem Beispiel ist der Kurs tatsächlich beide Male exakt am selben Punkt abgeprallt. Dies ist der Idealfall. In den meisten Fällen werden die aufeinanderfolgenden Hochs allerdings nicht ganz so vollkommen auf gleicher Höhe liegen. Wichtig ist hier, dass der Kurs mehrfach innerhalb derselben Zone dreht, sodass es im Chart aussieht, als würde der Kurs mehrere Male hintereinander an einer unsichtbaren Barriere abprallen.

Auch bei der Frage, wie weit sich der Kurs nach dem Abpraller von der Widerstandslinie weg bewegen muss, können wir hier etwas flexibler sein. Im vorherigen Kapitel wurde davon ausgegangen, dass sich der Kurs nach einem Abpraller für mehrere Tage nach unten bewegt, bevor es erneut zu einer Gegenbewegung kommt. Beim Breakout Trading darf diese Gegenbewegung auch deutlich kleiner ausfallen. In einigen Fällen bewegen sich die Kerzen über mehrere Wochen hinweg einfach nur in einem sehr engen Kasten, sodass die Kerzen mehr oder weniger die ganze Zeit nebeneinander liegen, ohne dass es viel Bewegung gibt. Die Kerzen stauchen sich also unterhalb der Widerstandslinie, ohne dass es ihnen gelingt, die Linie zu überspringen.

Wie wir schon im letzten Kapital gelernt haben, lockt eine Widerstandslinie zwei verschiedene Arten von Tradern mit entgegengesetzten Erwartungen an.

Die eine Gruppe erwartet, dass der Kurs bei einem erneuten Erreichen der Linie erneut abprallt und sich danach wieder nach unten bewegt. Die zweite Gruppe hingegen hofft auf einen deutlichen Bruch der Linie und eine darauf folgende Aufwärtsbewegung. Trader der zweiten Gruppe steigen daher nach einem Bruch der Linie in eine Kaufposition an.

Bei den im letzten Kapital besprochenen Abprallern fanden sich nach dem ersten Ausbruch keine neuen Käufer. Nachdem die ersten Kauforders abgearbeitet waren, kam es also nicht zu weiteren Ausschlusskäufen, die den Kurs weiter nach oben treiben konnten. Infolgedessen gaben die Kurse wieder nach und der Kurs fiel wieder unter die Widerstandslinie zurück.

Springen allerdings nach dem Ausbruch neue Käufer auf den fahrenden Zug auf und eröffnen neue Kaufpositionen, so setzt sich die Aufwärtsbewegung weiter fort und der Trendumschwung bleibt aus. In diesem Falle haben sich die bullisch eingestellten Anleger durchgesetzt und es geht weiter aufwärts.

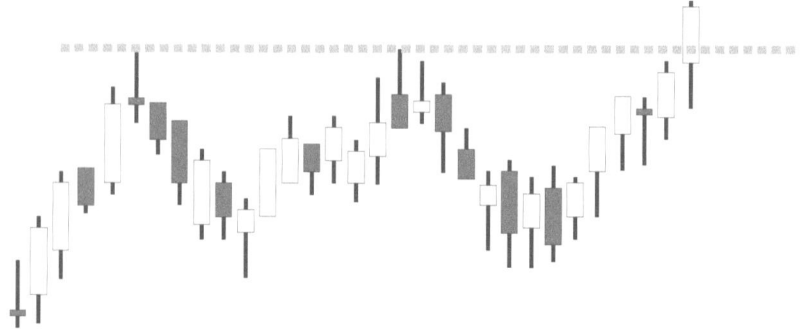

Einen solchen Durchbruch sehen Sie im obenstehenden Chart. Dem Kurs ist es hier mit der letzten Kerze gelungen, oberhalb der Widerstandslinie zu schließen.

Viele Trader steigen nach solch einem Bruch der Widerstandslinie, einem sogenannten Breakout, direkt in eine neue Kaufposition ein. Dieses Vorgehen führt häufig zu Erfolgen, allerdings besteht hier immer noch die Gefahr, dass es doch noch zu einem Rückfall kommt. Wie auch schon im letzten Kapitel besprochen, prallt der Kurs manchmal nicht von der Widerstandsinie ab, sondern es gelingt ihm zuerst, die Linie zu durchbrechen, und die Gegenbewegung setzt erst in einem der folgenden Tage ein.

Auf Rücksetzer warten

Eine etwas sicherere Methode ist es daher, zuerst den ersten Rücksetzer abzuwarten und dann zu beobachten, wie weit der Kurs von da ab weiter fällt. Nur wenn sich der Kurs nach dem Rücksetzer wieder fängt und danach seine Aufwärtsbewegung wieder fortsetzt, sollte eine neue Position eröffnet werden.

Dieses Vorgehen führt natürlich dazu, dass der Einstieg zu einem etwas späteren Zeitpunkt und zu einem etwas höheren Kurs erfolgt.

Es sei hier auch erwähnt, dass es natürlich nicht immer zu solch einem Rücksetzer kommt. Manchmal bewegt sich der Kurs nach einem Ausbruch auch einfach weiter steil nach oben. In diesen Fällen wird ein Trader, der auf einen Ausbruch warten wollte, dem Kursanstieg nur von der Seitenlinie aus zuschauen können. Dem Trader werden also einige gute Trading Gelegenheiten entgehen. Allerdings schützt er sich durch dieses Vorgehen auch gleichzeitig vor einigen Fehlsignalen, bei denen der Kurs nach einem Durchbruch eben doch wieder zurückfällt und sich von da an weiter nach unten bewegt.

Durch diese Methode werden also weniger Trades zu etwas schlechteren Kursen eingegangen, dafür ist aber die Gewinnwahrscheinlichkeit dieser ausgesuchten Trades höher.

In dem Chart oben ist es nach dem Durchbruch durch die Widerstandslinie zu einem Rücksetzer gekommen. Nach dem Bruch der Linie ist der Kurs zunächst am Folgetag weiter gestiegen. Dann aber setzte die Gegenbewegung ein und die Kurse begannen wieder zu fallen. An den letzten beiden Tagen mussten daher zwei schwarze Kerzen eingezeichnet werden.

In den kommenden Tagen entscheidet es sich nun, ob in einen neuen Trade eingestiegen werden kann. Nur wenn es nach der Gegenbewegung wieder zu einem Kursanstieg kommt, kann in eine Kaufpostion eingestiegen werden.

Wie erkennen wir aber nun, wann die Gegenbewegung abgeschlossen und der Kurs wieder bereit ist, seine vorherige Aufwärtsbewegung fortzuführen? Hier kommen wieder die Kerzenformationen ins Spiel.

Ein Kauf wird nämlich erst dann vorgenommen, wenn sich im Chart eine bullische Candlestick Formation herausgebildet hat.

Im Unterschied zum Abpraller aus dem vorherigen Kapitel muss die Vorbewegung vor der Kerzenformation diesmal nicht besonders ausgeprägt sein. Oft kommt es vor, dass sich vor der Kerzenformation nur eine einzige schwarze Vorkerze befindet. Es handelt sich in diesem Fall nur um einen kleinen Rücksetzer, bevor die eigentliche Aufwärtsbewegung wieder aufgenommen wird. Die Länge der Vorbewegung ist also bei einem Einstieg nach einem Breakout nicht besonders wichtig. Eine kurze Vorbewegung kann sogar eher für eine gewisse Kursstärke sprechen.

Ebenso wie eine Umkehrformation kann diesmal auch eine bullische Fortsetzungsformation gehandelt werden. In diesem Fall fällt der Kurs nach dem Durchbruch nicht zurück, sondern er legt lediglich eine kleine Verschnaufpause ein, bevor er seine Aufwärtsbewegung wieder fortsetzt.

In unserem Beispiel hat sich nach dem Rücksetzer ein bullisches Engulfing Pattern herausgebildet. Das Pattern zeigt an, dass die Abwärtsbewegung beendet ist und der Kurs von nun an wieder nach oben wandern wird. Der Kurs ist also nach der kurzen Gegenbewegung wieder in seinen vorherigen Aufwärtstrend zurückgesprungen.

Einstieg und Verluststopp

An diesem Punkt kann nun eine Kaufposition eröffnet werden, um auf einen Kursanstieg zu spekulieren. Gemäß den Trading Regeln für das Bullish Engulfing Pattern erfolgt der Einstieg am Folgetag, sobald sich der Kurs über den oberen Schatten der weißen Kerze des Patterns bewegt hat.

Wie schon beim Abpraller wird auch hier ein anfänglicher Verluststopp unterhalb des tiefsten Punktes der Kerzenformation platziert. In unserem Beispiel wäre dies der untere Schatten der letzten Kerze

Ausstiege

Für den Ausstieg kommen diesmal zwei verschiedene Strategien in Frage.

Zum einen können Sie wieder auf die Strategie aus dem vorherigen Kapital zurückgreifen, bei der unter jeder neuen schwarzen Kerze eine neue Stop Verkaufsorder platziert wird.

Im Unterschied zu einem Einstieg nach einem Abpraller ist nach einem Breakout aber mit etwas länger steigenden Kursen zu rechnen. Mit einem nachgezogenen Stop wird daher oft zu früh ausgestiegen, sodass ein größerer Teil der Bewegung verpasst wird.

Daher bietet es sich hier an, einen Ausstieg zu wählen, der dem Kurs etwas mehr Bewegungsfreiheit erlaubt. Bei der zweiten Ausstiegsvariante wird deswegen erst ausgestiegen, wenn es zu einem Bruch der kurzfristigen Aufwärtstrendbewegung kommt.

Zur Ermittlung des Ausstiegszeitpunktes wird diesmal ausnahmsweise nicht der Kerzenchart, sondern der Linienchart betrachtet. Die meisten Chartprogramme erlauben es Ihnen, relativ leicht zwischen Kerzencharts und Liniencharts hin und her zu wechseln. Im Gegensatz zum Kerzenchart werden im Linienchart nur die Schlusskurse eines jeden Tagen angezeigt. Die aufeinanderfolgenden Schlusskurse werden dann miteinander verbunden, wodurch wir die Linie erhalten, die dem Linienchart seinen Namen gibt.

Charakteristisch für den Linienchart ist, dass sich im Chart abwechselnd Aufwärtshaken und Abwärtshaken bilden. Der tiefste Punkt des Abwärtshakens markiert dabei ein neues kurzfristiges Tief. Der höchste Punkt des Aufwärtshakens zeigt ein neues temporäres Hoch an.

Diese aufeinanderfolgenden Aufwärts- und Abwärtshaken werden nun betrachtet, um die Richtung des mittelfristigen Trends zu bestimmen.

Befindet sich das neue Hoch über dem vorherigen Hoch und ebenso das neue Tief über dem vorherigen Tief, so liegt ein Aufwärtstrend vor. Dieser Trend gilt so lange als intakt, wie der Kurs nicht unter das vorherige Tief fällt.

Ein kurzfristiger Aufwärtstrend gilt daher als gebrochen, sobald der Kurs unterhalb des letzten temporären Tiefs schließt.

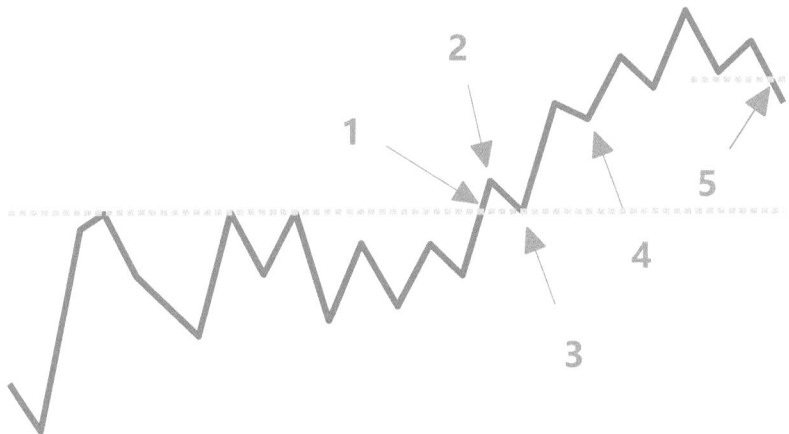

Schauen wir uns dazu zur Verdeutlichung den obenstehenden Linienchart an.

Bei Punkt 1 ist es zum Durchbruch einer Widerstandslinie gekommen. Das erste temporäre Hoch nach dem Ausbruch befindet sich bei Punkt 2. An diesem Punkt lag der Schlusskurs des Tages sowohl über dem Schlusskurs des vorherigen Tages als auch über dem Schlusskurs des folgenden Tages.

Auf den so gebildeten Aufwärtshaken folgt ein Abwärtshaken, der seinen tiefsten Punkt bei Punkt 3 findet. Hier liegt der Schlusskurs sowohl unter dem vorherigen Schlusskurs als auch unter dem Schlusskurs seines Nachfolgers.

Wir nehmen an, dass bei Punkt 3 in eine Kaufposition eingestiegen wurde. Ein Ausstieg aus dieser Position erfolgt nun, sobald der Kurs unter einem der folgenden kurzfristigen Tiefs schließt.

Bei Punkt 4 kommt es erneut zu einem Abwärtshaken, allerdings fällt der Kurs nicht unter das Tief bei Punkt 3, sondern bewegt sich im Anschluss weiter nach oben, sodass es nicht zu einem Ausstieg kommt.

Anders sieht es bei Punkt 5 aus. Hier schließt der Kurs am Tagesende unterhalb des vorherigen Tiefs. An diesem Punkt muss die Position also geschlossen werden. Ein Ausstieg erfolgt entweder direkt am Ende des Tages oder zu Beginn des folgenden Tages.

Einstieg nach dem Bruch einer Unterstützungslinie

Was nach oben geht, geht natürlich auch nach unten. Genau wie nach dem Bruch einer Widerstandslinie ist auch nach einem Fall unter eine Unterstützungslinie mit einer starken Kursbewegung zu rechnen. Diesmal erfolgt die Kursbewegung allerdings nicht nach oben, sondern es kommt zu einem starken Kurseinbruch.

Der obige Chart zeigt den Bruch einer Unterstützungslinie. Im Chart ist der Kurs zweimal am selben Punkt abgeprallt. Die beiden Tiefpunkte wurden durch eine Linie verbunden, um so eine Unterstützungslinie zu erhalten. Im dritten Anlauf ist es dem Kurs schließlich gelungen, unter diese Linie zu fallen. Die letzte Kerze im Chart schließt unterhalb der imaginären Unterstützungslinie. Dadurch ist der Weg nach unten frei, sodass ein weiterer Kursrückgang wahrscheinlich ist.

Auch wenn die Versuchung groß ist, sollte auch hier auf einen sofortigen Einstieg verzichtet werden und stattdessen erst die Gegenbewegung abgewartet werden. Erst wenn der Kurs nach der Gegenbewegung wieder in den Abwärtstrend zurückfällt, kann mit Hilfe einer Short Position auf fallende Kurse spekuliert werden.

In unserem Chart von oben ergab sich einige Tage nach dem Durchbruch eine Chance zum Einstieg. Nach dem Bruch der Unterstützungslinie kam es im Chart für einige Tage zu einer Stauchung. Dabei bildete sich diesmal anstatt einer Umkehrformation eine Fortsetzungsformation in Form einer Kastenformation heraus. Der Kurs schwankte dabei über den Verlauf von drei Tagen hinweg in einem sehr engen Kasten, wobei die Körper der drei kleinen Kerzen alle innerhalb des Körpers ihrer langen schwarzen Vorkerze verblieben. Am letzten Tag brach der Kurs dann in Form der letzten schwarzen Kerze aus diesem Kasten aus und schloss deutlich unterhalb der vorherigen Kerzen.

Der Kurs hat sich also nach der ersten Gegenbewegung (oder in diesem Fall Seitwärtsbewegung) wieder weiter nach unten bewegt und damit den Abwärtstrend bestätigt. Nun kann eine neue Short Position eröffnet werden. Der Einstieg erfolgt dabei, sobald sich der Kurs unter das Tief der letzten schwarzen Kerze bewegt. Der erste Verluststopp wird auf das Hoch der letzten schwarzen Kerze gesetzt.

Auch hier bieten sich zwei Möglichkeiten zum Ausstieg an. Entweder wird bei jeder neuen weißen Kerze der Stoppkurs auf das Hoch der neuen Kerze nachgezogen oder die Position wird geschlossen, sobald der Kurs über dem Schlusskurs des vorherigen Hochs schließt.

Kapitel 9

Verluststopps, Positionsgröße und Risikomanagement

Auf den letzten Seiten haben Sie gelernt, wann es am erfolgversprechendsten ist, in einen neuen Trade einzusteigen und wann aus diesem Trade im Gewinnfall wieder ausgestiegen werden sollte.

Leider ist es so, dass nicht jeder Trade mit einem Gewinn enden wird. Deswegen müssen wir uns Gedanken darüber machen, wie die potentiellen Verluste jedes einzelnen Trades so gering wie möglich gehalten werden können. Dies erfolgt zum einen durch das richtige Setzen von Verluststopps, zum anderen durch die Wahl der richtigen Positionsgröße, um so die Höhe des möglichen Verlustes zu kontrollieren. Im Folgenden lernen Sie ein System kennen, bei dem zuerst festgelegt wird, bei welchem Wert der Verluststopp gesetzt wird. Mithilfe dieses Wertes kann dann der potentielle Verlust pro Aktie und daraus resultierend die optimale Menge der zu kaufenden Aktien berechnet werden.

Zur Bestimmung der Positionsgröße muss also in mehreren Schritten vorgegangen werden. Im ersten Schritt wird dabei festgelegt, zu welchem Kurs im Falle eines Verlustes ausgestiegen werden soll.

Verluststopps

Bevor Sie in eine neue Position einsteigen, sollten Sie immer für sich festlegen, an welchem Punkt Sie den Trade wieder beenden werden, falls der Kurs in die falsche Richtung läuft. In den beiden Kapiteln zuvor wurde daher immer gleich bei der Eröffnung einer neuen Position auch gleichzeitig ein Verluststopp gesetzt.

Bei einer Long Position wird dazu ein Kurs unterhalb des Einstiegskurses gewählt. Dieser Kurs wird als Verluststopp bezeichnet. Fällt der Kurs auf den Wert des Verluststopps, wird die Position wieder verkauft. Da der Kurs des Verluststopps unterhalb des Einstiegskurses liegt, wird der Trade bei Erreichen des Stopps immer mit einem Verlust geschlossen werden. Der potenzielle Verlust, der Ihnen beim Auslösen des Stopps entsteht, ist die Differenz zwischen Einstiegskurs und Verluststopp. Dieser Verlust wird hingenommen, da nach dem Erreichen des Verluststopps mit weiter fallenden Kursen gerechnet werden muss. Die Position wird also mit einem kleinen Verlust geschlossen, um sich so vor einem größeren Verlust zu schützen.

Bei einer Short Position erleiden wir einen Verlust, wenn der Kurs steigt. Aus diesem Grund wird der Verluststopp bei einer Short Position im Gegensatz zu einer Long Position nicht auf einen Kurs unterhalb des Einstiegskurses, sondern auf einen Kurs oberhalb des Einstiegskurses gesetzt.

Verluststopps sollten nicht nur beim Trading mit Candlestick Formationen eingesetzt werden, sondern auch beim Eröffnen jeder anderen Trading Position. Die Wahl des richtigen Ausstiegspunktes ist dabei häufig eine Kunst für sich. Liegt der Verluststopp zu nah am Einstiegskurs, werden auch Trades, die nachher einen guten Gewinn erzielt hätten, bei der kleinsten Gegenbewegung vorzeitig geschlossen. Wird der Verluststopp hingegen zu weit vom Einstiegskurs entfernt gesetzt, werden zwar deutlich weniger Trades mit Verlust geschlossen, allerdings ist der Verlust dafür bei den einzelnen Verlusttrades deutlich höher. Es gilt also, eine gute Balance zwischen zu nahen und zu weiten Stopps zu finden.

Glücklicherweise wird Ihnen beim Trading mit Candlestick Formationen die Wahl des richtigen Verluststopps mehr oder weniger abgenommen. Hier kann direkt an der Formation abgelesen werden, wo der Stopp gesetzt werden sollte.

Beim Setzen des optimalen Stopps kommt es darauf an, ob es sich bei der Formation um eine Umkehrformation oder eine Fortsetzungsformation handelt. Wir schauen uns zuerst die Umkehrformationen an.

Verluststopp bei Umkehrformationen

Eine Umkehrformation zeigt einen Trendwechsel an. Eine bullische Umkehrformation sagt das Ende des vorherigen Abwärtstrends und steigende Kurse voraus. Bei einer bullischen Umkehrformation stellt der tiefste Punkt der Candlestick Formation meistens auch gleichzeitig den tiefsten Punkt der Abwärtsbewegung dar.

Fällt der Kurs zu einem späteren Zeitpunkt unter diesen Punkt, so ist davon auszugehen, dass der Trendwechsel fehlgeschlagen ist. Spätestens an diesem Punkt sollte daher aus einer Kaufposition wieder ausgestiegen werden, da davon auszugehen ist, dass der Trade nicht funktioniert hat und die Gefahr groß ist, dass der Kurs von hier aus weiter fällt.

Verluststopp bei Long Positionen

Im Falle einer Long Position wird der Stopp daher immer knapp unterhalb des tiefsten Punktes der Candlestick Formation positioniert.

Sehen wir uns dazu als Beispiel den Chart einer Aktie an. Im untenstehenden Chart bilden die letzten beiden Kerzen ein Bullish Engulfing Pattern.

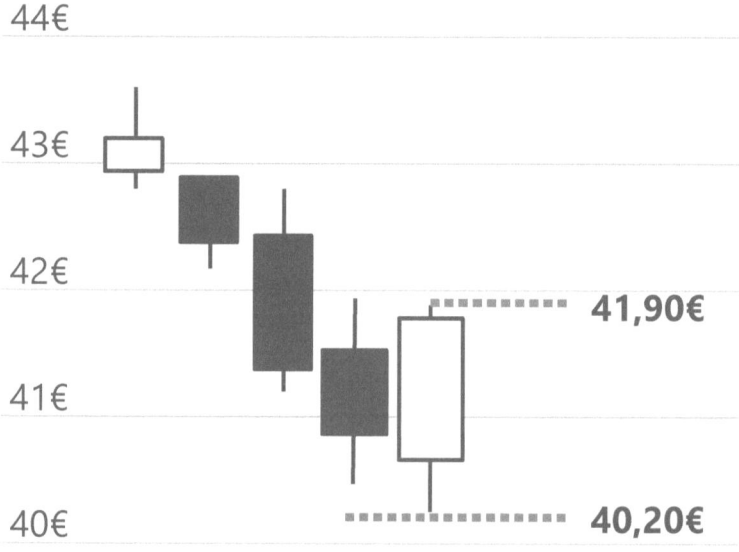

Nehmen wir an, wir möchten die Aktie nach dem Auftauchen der Candlestick Formation kaufen. Beim Engulfing Pattern wird in eine neue Kaufposition eingestiegen, sobald der Kurs am Folgetag über den oberen Schatten der letzten Kerze steigt. In unserem Chart markiert die obere gestrichelte Linie den höchsten Punkt des oberen Schattens. Der höchste Kurs ist der potenzielle Einstiegskurs und lag bei 41,90€ an.

Gleich beim Einstieg wollen wir auch festlegen, wann wir im Verlustfall wieder aus dem Trade aussteigen wollen. Dazu setzen wir den Verluststopp auf den tiefsten Punkt der Kerzenformation. Bei dem Engulfing Pattern in unserem Beispiel markiert der untere Schatten der letzten Kerze den tiefsten Kurs der Formation. Daher setzen wir den Verluststopp knapp unterhalb des Schattens bei 40,20€.

Der mögliche Verlust bei diesem Trade kann nun berechnet werden, indem der Kurs des Verluststopps (40,20€) vom Einstiegskurs (41,90€) abgezogen wird. In unserem Beispiel beträgt der mögliche Verlust also 1,70€ pro Aktie.

Verluststopp bei Short Positionen

Im vorherigen Beispiel haben wir eine bullische Umkehrformation betrachtet. Bei bullischen Formationen wird gekauft, um von steigenden Kursen zu profitieren. Im Gegensatz dazu geht man bei einer bearischen Umkehrformation davon aus, dass die Kurse fallen werden und spekuliert daher mittels einer Short Position auf einen Kursrückgang.

Beginnen die Kurse plötzlich nach dem Einstieg zu steigen, wird mit der Short Position Geld verloren. Daraus resultierend wird bei einer bearischen Umkehrformation der Verluststopp nicht unterhalb, sondern oberhalb des Einstiegskurses platziert.

Bei einer bearischen Candlestick Formation wird der Verluststopp dabei immer oberhalb des höchsten Punktes der Formation platziert.

Auch dazu sehen wir uns ein Beispiel an.

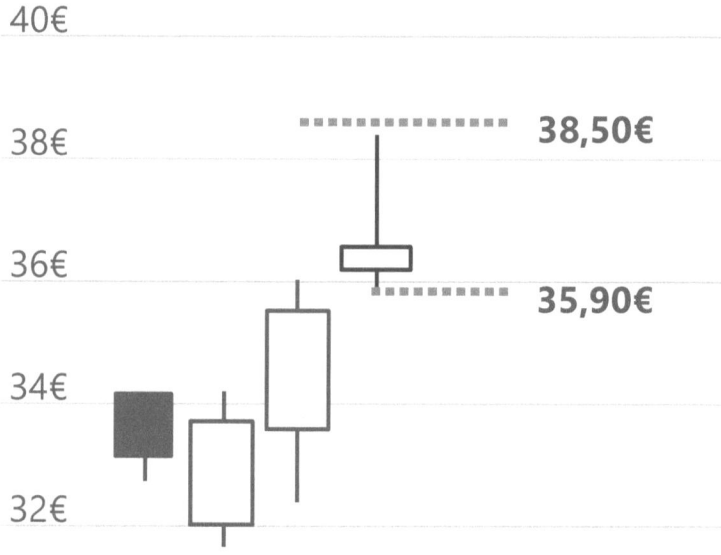

In unserem zweiten Beispiel sehen Sie eine Shooting Star Formation. Diese Formation besteht nur aus einer einzelnen Kerze mit einem langen oberen Schatten. Ein Shooting Star sagt fallende Kurse voraus. Falls der Kurs im Anschluss an die Formation unter den unteren Schatten der Kerze fällt, ist also mit einer Abwärtsbewegung zu rechnen. Trader, die diese Formation handeln möchten, eröffnen daher eine Short Position, sobald sich der Kurs unter den unteren Schatten der Shooting Star Kerze bewegt. In unserem Beispiel liegt der tiefste Punkt des unteren Schattens bei 35,90€. Der Einstieg würde in diesem Fall daher zu einem Kurs knapp unterhalb von 35,90€ erfolgen.

Nachdem wir den ungefähren Einstiegskurs kennen, wenden wir uns nun dem Verluststopp zu. Da es sich beim Shooting Star um eine bearische Formation handelt, wird der Verluststopp auf den höchsten Punkt der Formation gesetzt. In diesem Fall ist dies der höchste Punkt des oberen Schattens der Shooting Star Kerze. Der Verluststopp liegt daher bei 38,50€.

Würde die Aktie also wider Erwarten nach dem Einstieg in die Short Position steigen und dadurch den Verluststopp auslösen, würde ein Verlust von 38,50€ - 35,90€ = 2,60€ pro Aktie anfallen.

Verluststopp bei Fortsetzungsformationen

Bei Fortsetzungsformationen wird bei der Setzung von Verluststopps sehr ähnlich vorgegangen wie bei Umkehrformationen. Auch hier wird bei bullischen Formationen ein Verluststopp unterhalb des Einstiegskurses und bei bearischen Candlestick Formationen ein Verluststopp oberhalb des Einstiegskurses gesetzt.

Eine Fortsetzungsformation kann immer in drei Phasen oder Teile unterteilt werden. Bei einer bullischen Fortsetzungsformation bewegt sich der Kurs im ersten Teil der Formation nach oben. Dann kommt es im zweiten Teil der Formation zu einer Stauchung oder einer kurzfristigen Abwärtsbewegung. Im letzten Teil der Fortsetzungsformation bricht der Kurs dann aus der vorherigen Gegenbewegung nach oben aus und nimmt seine ursprüngliche Aufwärtsbewegung wieder auf.

Der mittlere Teil der Fortsetzungsformation stellt also eine kurzfristige Unterbrechung der aufwärts gerichteten Trendbewegung dar. Bewegt sich der Kurs nach der Formation wieder nach oben, gilt der vorherige Aufwärtstrend als bestätigt und es wird mit weiter steigenden Kursen gerechnet. Daher wird nach Vollendung der Formation eine Kaufposition eröffnet und auf steigende Kurse spekuliert.

Fällt der Kurs nach dem Einstieg in die neue Position hingegen wieder zurück und schließt unterhalb des tiefsten Punktes der Gegenbewegung, so ist der Trend gebrochen und es ist mit weiter fallenden Kursen zu rechnen. In diesem Fall muss der Trade als gescheitert angesehen werden.

Aus einer bullischen Fortsetzungsformation sollte also spätestens dann ausgestiegen werden, wenn der Kurs unter das Tief der Gegenbewegung fällt.

Um den Verluststopp für eine bullische Formation zu bestimmen, müssen daher die unteren Schatten aller Kerzen innerhalb der Gegenbewegung und der untere Schatten der letzten Kerze betrachtet werden.

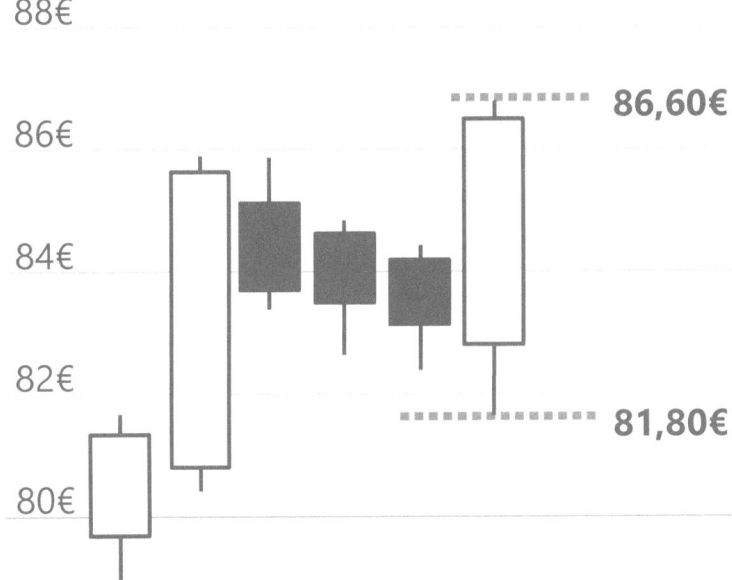

Als Beispiel sehen wir uns dazu die im Chart abgebildete Rising Three Formation an. Die Formation besteht aus zwei langen weißen Kerzen am Anfang und am Ende der Formation. Zwischen den beiden Kerzen befinden sich drei kleiner schwarze Kerzen, die sich abwärts bewegen.

Um die Position für den Verluststopp bei dieser Formation zu finden, ignorieren wir die erste Kerze der Formation und fokussieren uns ausschließlich auf die drei Innenkerzen und die letzte Kerze. Der Verluststopp wird nun unterhalb des tiefsten Punktes dieser vier Kerzen positioniert. In unserem Fall ist der Schatten der letzten Kerze der tiefste Punkt der Gegenbewegung. Wir setzen daher unseren Verluststopp bei 81,80€.

Nachdem wir nun sehr ausführlich das Setzen eines Verluststopps bei einer bullischen Fortsetzungsformation besprochen haben, wenden wir uns nun kurz der bearischen Variante zu.

Bei einer bearischen Fortsetzungsformation wird mithilfe einer Short Position auf fallende Kurse spekuliert. Der Trader verdient also Geld, wenn die Kurse fallen. Steigen die Kurse hingegen nach dem Einstieg, macht der Trader einen Verlust.

Um diese möglichen Verluste zu begrenzen, wird ein Verluststopp oberhalb des Einstiegskurses gesetzt. Auch hier werden die Kerzen der Gegenbewegung und die letzte Kerze betrachtet. Diesmal interessieren wir uns allerdings nicht für die unteren Schatten, sondern für die oberen Schatten, da der Verluststopp oberhalb des höchsten Schattens positioniert werden muss. Steigt der Kurs also über den oberen Schatten, wird die Position geschlossen.

Sonderfall | Sehr kleine Formationen

Gerade bei Candlestick Formationen, die nur aus einer einzelnen Kerze bestehen, kann es vorkommen, dass der Abstand zwischen Einstiegskurs und Verluststopp nur sehr klein ist. Generell sollten Sie sich überlegen, ob Sie diese Formation handeln möchten, da die Aussagekraft einer solchen kleinen Formation als Chartsignal nicht allzu groß ist. Haben Sie sich dennoch zum Trading mit dieser Formation entschlossen, besteht nun die Gefahr, dass der Kurs bei der kleinsten Gegenbewegung unter den Verluststopp fällt und damit die Position vorzeitig schließt.

Daher bietet es sich bei diesen sehr kleinen Candlestick Formationen an, den Verluststopp nicht direkt unterhalb der Formation zu setzen, sondern einen ATR Stopp zu nutzen.

Die Average True Range (ATR) wurde von Welles Wilder (1978) entwickelt und zeigt die durchschnittliche Handelsspanne an. In einem Tageschart gibt die Handelsspanne den Abstand zwischen dem höchsten Kurs und dem tiefsten Kurs des Tages an. (Eine Ausnahme bilden Tage mit nicht geschlossenen Gaps, bei denen zusätzlich der Schlusskurs der Vorkerze in die Berechnung mit aufgenommen wird.)

Um den ATR Wert zu berechnen, wird aus den Handelsspannen der letzten 14 Tage ein Durchschnittswert gebildet. Der ATR Wert gibt also an, wie stark der Kurs an einem durchschnittlichen Tag schwankt. Im Internet gibt es kostenlose Chartprogramme, die den Wert für Sie berechnen und anzeigen. Ansonsten können Sie den Wert auch grob selbst berechnen.

Mithilfe des ATR Wertes kann nun die Position des Stoppkurses bestimmt werden.

Zur Berechnung der Position des Verluststopps wird bei einem Kauf nach einer bullischen Formation der ATR Wert vom Einstiegskurs abgezogen.

Bei einer Short Position wird der ATR Wert hingegen zum Einstiegskurs hinzugerechnet, um die Position des Verluststopps zu erhalten.

Manueller Ausstieg oder Stop Order?

Für das Setzen des Stoppkurses hat ein Trader zwei Möglichkeiten. Entweder der Trader legt im Kopf für sich einen imaginären Stopp fest, bei dessen Erreichen er selbstständig die Position schließen muss, oder es wird eine Stop Order platziert.

Das Problem bei der ersten Variante ist, dass der Trader ständig die Kurse im Auge behalten muss, um bei einem Bruch des Stoppkurses so schnell wie möglich auszusteigen.

Daneben verlangt diese Art des Ausstiegs vom Trader deutlich mehr Disziplin. Viele Trader neigen dazu, im entscheidenden Moment von ihrem Trading Plan abzuweichen und ihre Stoppkurse zu ignorieren. Menschen gestehen sich ungern einen Verlust ein und halten daher länger als nötig an einer Verlustposition fest, da sie hoffen, dass sich die Position doch noch ins Plus drehen könnte. Langfristig wird dieses Vorgehen zu deutlich größeren Verlusten führen als ein striktes Einhalten der Verluststopps und kann sogar darin enden, dass eine Position unnötig zum Totalverlust wird.

All diese Probleme haben Sie nicht, wenn Sie direkt nach dem Einstieg in eine neue Position bei Ihrem Broker oder Ihrer Bank eine Stop Order setzen. Eine Stop Order weist Ihren Broker an, automatisch einen Verkauf oder Kauf zu tätigen, sobald ein bestimmter Kurs erreicht wurde. Ein ständiges Beobachten der Märkte ist also nicht mehr nötig. Ebenso werden so eine Menge Emotionen aus dem Spiel genommen.

Um die Funktion einer Stop Order noch einmal zu verdeutlichen, betrachten wir den nebenstehenden Chart. Die Stop Order wird in unserem Beispiel dazu genutzt, um eine bestehende Position zu schließen. Es wird also eine Stop Verkaufsorder gesetzt, nachdem eine Aktie gekauft wurde.

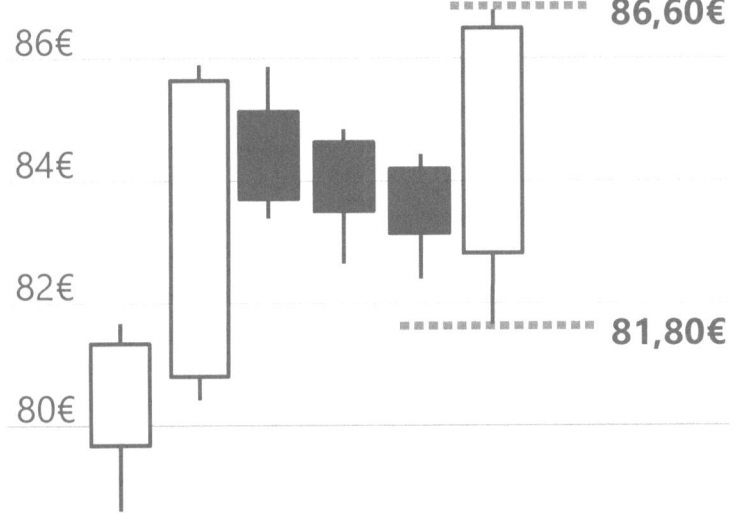

Wir schauen uns dazu noch einmal die Rising Three Formation aus dem letzten Beispiel an.

Wie bereits zuvor erklärt, wird der Verluststopp bei dieser Formation bei 81,80€ gesetzt. Daher wird eine Stop Verkaufsorder bei 81,80€ platziert.

Die Stop Order bleibt inaktiv, solange sich der Kurs oberhalb von 81,80€ bewegt. Die Order kann dabei über Tage oder Wochen inaktiv bleiben. Beginnt der Kurs aber zu fallen und erreicht den Kurs von 81,80€, so wird ihr Broker versuchen, die Aktie zum nächstmöglichen Kurs zu verkaufen.

Es sei hier darauf hingewiesen, dass der Verkauf nicht zwingend zu dem in der Stop Order festgelegten Kurs erfolgt, sondern zu dem Kurs, zu dem ihr Broker oder ihre Bank die Aktie tatsächlich verkaufen können. In den meisten Fällen entspricht dieser Kurs entweder genau dem Stoppkurs oder er befindet sich zumindest in der Nähe des Stoppkurses. Wenn es aber zu einem plötzlichen Kurseinbruch kommt, kann der Verkaufskurs allerdings auch deutlich tiefer liegen. In diesen seltenen Ausnahmefällen kann der Verlust nach einem Verkauf daher deutlich höher ausfallen, als vom Trader ursprünglich antizipiert. Auf dieses Problem werden wir noch in einem der folgenden Abschnitte zurückkommen.

Bestimmung der richtigen Positionsgröße

Mithilfe des Verluststopps und des Einstiegskurses kann nun die richtige Positionsgröße ermittelt werden. Die Positionsgröße gibt an, wie viele Wertpapiere für einen bestimmten Trade gekauft oder verkauft werden dürfen. Beispielsweise legt die Positionsgröße fest, wie viele Aktien nach einem bullischen Candlestick Signal gekauft werden sollten.

Viele Anleger investieren bei einem Trade immer die gleiche Gesamtsumme. Bei einem Trading Kapital von 100.000€ würden beispielsweise immer etwa 10.000€ pro Position investiert werden.

Das Problem bei diesem Vorgehen ist, dass das Risiko bei diesen Positionen unterschiedlich hoch ist.

Nehmen wir an, ein Anleger möchte die Aktie aus unserem ersten Beispiel (der bullischen Umkehrformation) kaufen. Der Einstiegskurs lag bei 41,90€. Er möchte insgesamt etwa 10.000€ anlegen. Um die Anzahl der zu kaufenden Aktien zu berechnen, teilt er also 10.000€ durch 41,90€ und erhält ein Ergebnis von 238 (abgerundet). Er kauft also 238 Aktien der ersten Aktie.

Nun fällt ihm die Fortsetzungsformation aus unserem dritten Beispiel ins Auge und er entschließt sich, auch diese Aktie zu kaufen. Bei dieser Aktie liegt der Einstiegskurs bei 86,60€. Er investiert wieder 10.000€ und kauft diesmal 115 (10.000€ geteilt durch 86,60€) Aktien.

Die Positionen der beiden Aktien sind also annähernd gleich groß. Die Frage ist nun, ob auch der potenzielle Verlust, der ihm aus den beiden Positionen entstehen könnte, auch in etwa die gleiche Größe hat.

Bevor der potenzielle Verlust der Gesamtposition berechnet werden kann, muss zuerst der potenzielle Verlust pro Aktie berechnet werden. Dazu ziehen wir einfach den Verluststopp vom Wert des Einstiegskurses ab.

Aktie 1 | 41,90€ - 40,20€ = 1,70€

Aktie 2 | 86,60€ - 81,80€ = 4,80€

Mit diesen Werten kann nun der potenzielle Verlust der beiden Positionen berechnet werden, indem der potenzielle Verlust pro Aktie mit der Anzahl der Aktien multipliziert wird.

Position 1 | 1,70€ · 238 = 404,60€

Position 2 | 4,80€ · 115 = 552,00€

Der potenzielle Verlust aus der zweiten Position ist also um mehr als ein Drittel größer als der potenzielle Verlust aus der ersten Position.

Im Endeffekt ist der potenzielle Verlust pro Position davon abhängig, wie groß der potenzielle Verlust pro Aktie im Verhältnis zum Kurs der Aktie ist. Bei der ersten Aktie lag der potenzielle Verlust bei 1,70€, während der Kurs bei 41,90€ notierte. Der potenzielle

Verlust lag hier also bei etwa 4 Prozent des aktuellen Kurswertes. Bei der zweiten Aktie war der potenzielle Verlust mit 5,5 Prozent etwas höher. Daraus resultierend war auch der potenzielle Verlust pro Position bei der zweiten Aktie größer.

Die beiden oben betrachteten Aktien sind beide nicht überdurchschnittlich schwankungsfreudig. Bei einigen spekulativen Aktien sind aber Tagesschwankungen von 10 Prozent und mehr nicht selten. Taucht im Chart einer solchen Aktie eine Candlestick Formation auf, kann hier der Abstand zwischen Verluststopp und Einstiegskurs deutlich höher sein als in unserem Beispiel. Damit ist natürlich auch der potentielle Verlust der Position deutlich größer. In diesen Fällen kann das Verlustpotenzial einer Position mehr als das zwei- bis dreifache einer normalen Position betragen. Wenn eine solche Position mit Verlust ausgestoppt wird, müsste eine normal große Position also um das Dreifache steigen, um den so entstandenen Verlust wieder auszugleichen. Ein solcher Verlust kann daher ein deutliches Loch in das Trading Konto reißen, das meistens erst nach mehreren Gewinntrades wieder aufgefüllt werden kann.

Noch ungünstiger kann sich die Situation bei einigen anderen Investmentinstrumenten entwickeln. Bis jetzt haben wir uns ausschließlich mit Aktien befasst. Viele Anleger nutzen aber auch spekulativere Anlageformen wie Optionsscheine und Knock Out Zertifikate zum Trading. Hier kann ein falsches Dimensionieren der Position noch schneller dazu führen, dass eine Verlustposition einen unerwartet hohen Schaden verursacht.

Idealerweise sollten also nicht die Positionen der einzelnen Investments die gleiche Größe haben, sondern die potenziellen Verluste der Investments. Anstatt einer festgelegten Positionsgröße von 10.000€ würde nun also beispielsweise festgelegt, dass der potenzielle Verlust pro Trade nicht mehr als 0,5 Prozent des Gesamtkapitals (=500€) betragen darf.

Um zu berechnen, wie viele Aktien in diesem Fall gekauft werden dürfen, kann die sogenannte CPR Formel verwendet werden. Diese Formel wurde ursprünglich von Van K. Tharp (2006) vorgestellt.

R steht in der Formel für Risiko pro Aktie, was unserem potenziellen Verlust pro Aktie entspricht. C ist die Höhe des Kapitals, das der Anleger mit einem Trade bereit ist zu riskieren, und P ist die Anzahl der zu erwerbenden Aktien.

Um zu ermitteln, wie viele Aktien gekauft werden sollen, wird einfach das Kapital durch das Risiko pro Aktie geteilt.

$$P = \frac{C}{R}$$

Als Beispiel berechnen wir die Positionsgröße für die erste Aktie. Wir nehmen an, dass höchstens 500€ mit dem Kauf riskiert werden sollen. C ist also 500€. Das Risiko pro Aktie haben wir schon zuvor berechnet und liegt bei 1,70€. Um die Anzahl der zu kaufenden Aktien zu ermitteln, teilen wir einfach 500€ durch 1,70€ und erhalten so einen Wert von 294,11. Es würden also 294 Aktien gekauft werden. Der Anfangswert der Position wird berechnet, indem der Einstiegspreis von 41,90€ mit 294 multipliziert wird und beträgt 12318,60€.

Mit derselben Formel können wir auch die Positionsgröße für die zweite Aktie berechnen. Das Risiko pro Aktie betrug hier 4,80€. Wir teilen also die 500€ durch 4,80€ und erhalten 104,16. Von der zweiten Aktie würden also 104 Aktien gekauft werden. Multipliziert man die Anzahl der Aktien mit dem Einstiegskurs von 86,60€, so erhält man eine anfängliche Positionsgröße von 9006,40€.

Positionsgröße passt sich Gesamtkapital an

In unserem Beispiel oben haben wir festgelegt, dass der potenzielle Verlust genau 0,5 Prozent des Gesamtkapitals betragen soll. Die mithilfe dieses Wertes ermittelte Positionsgröße wird also von einem Prozentwert bestimmt. Dadurch kann sich die Größe der Position automatisch an die Höhe des aktuellen Gesamtkapitals anpassen.

Nehmen wir an, das Gesamtkapital konnte nach einer Reihe von erfolgreichen Trades auf 150.000€ erhöht werden. Das Risiko pro Trade soll weiterhin bei 0,5 Prozent liegen. Daraus resultierend dürfen nun nicht mehr nur 500€, sondern 750€ (0,5·150.000€) pro Trade riskiert werden. Die Positionsgröße pro Trade ist jetzt also um 50 Prozent größer.

Umgekehrt verringert sich die Höhe der zulässigen Positionsgröße, wenn das Gesamtkapital abnimmt. Bei einem Gesamtkapital von 50.000€ dürften beispielsweise nur noch 250€ pro Trade riskiert werden.

Die Positionsgröße passt sich also immer dem gerade zur Verfügung stehenden Gesamtkapital an. Sinkt der Wert des Gesamtkapitals, sinkt auch die Höhe des riskierten Kapitals. Nimmt die Höhe des zur Verfügung stehenden Kapitals zu, darf auch mehr Geld riskiert werden. Dadurch kann ein übermäßig hoher Verlust vermieden werden.

Ein weiterer Vorteil der oben vorgestellten Strategie ist, dass der Trader diszipliniert wird. Viele Trader neigen dazu, ihre Positionen nach einem großen Verlusttrade zu erhöhen, um so die erlittenen Verluste schneller wieder hereinzuholen. Andere wiederum erhöhen ihre Positionsgröße nach einigen guten Trades, weil sie glauben, dass sie einen Lauf haben. Bewegt sich der Kurs in diesen Fällen in die falsche Richtung, entstehen durch diese aufgeblähten Positionen übermäßig große Verluste, was im schlimmsten Fall sogar zum Totalverlust des Tradingkapitals führen kann.

Durch die vorgeschriebenen Positionsgrößen sind diese Trader gezwungen, das Risiko bei ihren Trades zu begrenzen und sind dadurch zumindest teilweise vor ihren eigenen emotionalen Entscheidungen geschützt. (Dies setzt natürlich voraus, dass sie sich auch in diesen Situationen noch an ihre eigenen Regeln halten).

Wie viel Risiko ist zu viel Risiko?

Wir haben unser Risiko bis jetzt auf 0,5 Prozent des Gesamtkapitals pro Trade festgelegt, aber natürlich kann statt dieses Prozentwertes auch ein höherer oder niedrigerer Wert verwendet werden.

Welcher Wert ist hier nun der optimale Wert? Fest steht, dass bei einem höheren Risikowert auch der mögliche Gewinn deutlich höher ist. Würden bei jedem Trade statt eines halben Prozents ein ganzes Prozent des Kapitals riskiert werden, wäre natürlich bei einem Gewinntrade auch der Gewinn doppelt so hoch. Allerdings droht auf der anderen Seite im Verlustfall auch ein doppelt so hoher Verlust.

Viele Trader nehmen an, dass, solange ihre Trades im Durchschnitt einen Gewinn erzielen, der Gesamtgewinn umso größer sein muss, je mehr Kapital pro Trade eingesetzt wird. Dies stimmt zwar bis zu einem gewissen Grad, allerdings kann ein zu hoher Einsatz auch dazu führen, dass ein Konto innerhalb relativ kurzer Zeit einen Großteil seines Kapitals verliert.

Sehen wir uns dazu ein Beispiel an. Nehmen wir an, jemand bietet Ihnen ein Spiel an, bei dem ein Würfel geworfen wird. Zeigt der Würfel die Zahlen 1, 2 und 3, erhalten Sie das Doppelte Ihres Einsatzes. Zeigt der Würfel hingegen eine der drei anderen Zahlen, haben Sie verloren und Sie müssen Ihren Einsatz zahlen. Bei einem Einsatz von einem Euro können Sie also entweder 2 Euro gewinnen oder einen Euro verlieren. Sie haben zu Beginn des Spieles 100€ zur Verfügung und dürfen entscheiden, wie viel Prozent ihres Kapitals sie pro Würfelwurf setzen.

Natürlich sollten Sie dem Spiel zustimmen. Die Wahrscheinlichkeit, das Spiel zu gewinnen, liegt bei 50 Prozent und Sie erhalten im Gewinnfall einen doppelt so hohen Betrag, wie Sie im Verlustfall verlieren. Der Erwartungswert bei diesem Spiel ist also positiv.

Die Frage ist nun, wie viel Sie von Ihrem Kapital pro Wurf einsetzen sollten. Je mehr Sie setzen, desto mehr können Sie gewinnen. Gleichzeitig steigt in diesem Fall die Wahrscheinlichkeit, dass Sie in einer Verlustphase einen großen Teil Ihres Kapitals verlieren.

Simulieren wir dazu ein Spiel mit zwanzig Würfen. Das Spiel kam zu den untenstehenden Ergebnissen.

$$2 \mid -1 \mid 2 \mid 2 \mid -1 \mid 2 \mid -1 \mid -1 \mid 2 \mid 2 \mid$$
$$-1 \mid -1 \mid -1 \mid -1 \mid \mid 2 \mid 2 \mid -1 \mid -1 \mid -1 \mid 2 \mid$$

Hätten Sie bei jedem Spiel immer genau einen Euro riskiert, hätten Sie am Ende insgesamt 7 Euro gewonnen. Aber Sie dürfen ja keinen fixen Betrag setzen, sondern setzen immer einen Prozentsatz Ihres im Augenblick zur Verfügung stehenden Kapitals.

Der folgende Chart zeigt, welche Gewinne bei diesem spezifischen Spiel mit verschiedenen Einsätzen erzielt worden wären. Die fünf Linien zeigen die Entwicklung des Gesamtkapitals bei fünf verschiedenen Strategien. Bei der ersten Strategie werden immer genau 1 Prozent des zur Verfügung stehenden Kapitals eingesetzt. Bei den anderen vier Strategien wird mit Einsätzen von 5, 10, 20 und 40 Prozent teilweise deutlich mehr riskiert.

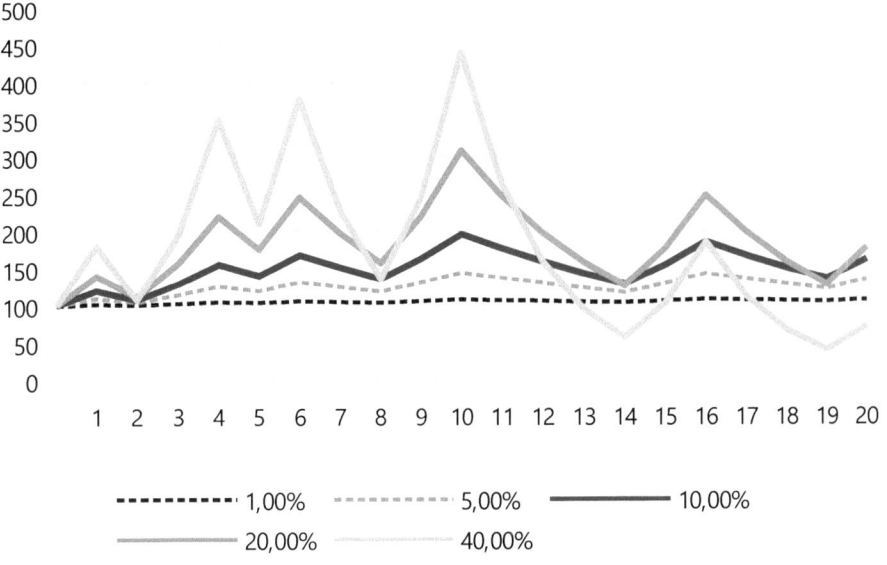

Wie nicht anders zu erwarten, waren die Schwankungen umso größer, je höher der Prozentsatz war, der vom aktuellen Gesamtkapital
riskiert wurde.

In Gewinnphasen, in denen mehrere Gewinne direkt aufeinan-
derfolgten, führte dies teilweise zu spektakulären Kapitalanstiegen.
Bei der risikofreudigsten Strategie, die immer 40 Prozent des Gesamtkapitals investierte, wurde das Kapital innerhalb von nur zwei
Würfen mehr als verdreifacht.

Allerdings schwingt dieses Pendel natürlich in beide Richtungen.
Zeigte der Würfel ein paar mal hintereinander die falschen Zahlen,
kam es zu heftigen Verlusten. Bei der 40 Prozent Strategie führte
dies dazu, dass die Strategie nach ihrem stärksten Anstieg plötzlich
in die Verlustzone drehte. Ein Spieler, der sich für diese Strategie
entschieden hätte, wäre nach den 20 Würfen mit einem Verlust von
etwa 29€ zurückgeblieben.

Gleichzeitig zeigt der Chart, dass ein zu geringes Risiko auch nur zu relativ kleinen Gewinnen geführt hätte. Wären immer nur genau 1 Prozent des Kapitals eingesetzt worden, hätte sich das Kapital fast auf der Stelle bewegt. Der Gewinn hätte in diesem Fall, wenig überraschend, fast exakt bei 7 Euro gelegen.

In unserem Beispiel konnten mit den beiden Strategien, die jedes Mal 10 und 20 Prozent ihres Gesamtkapitals riskierten, die besten Ergebnisse erreicht werden. Diese Strategien erzielten im Gewinnfall ausreichend hohe Gewinne, konnten sich aber gleichzeitig von den zwischenzeitlich erlittenen Verlusten wieder relativ schnell erholen.

Bei der Wahl des richtigen Einsatzes gilt es also, eine Balance zwischen zu viel Risiko und zu wenig Risiko zu finden.

Trading ist kein Würfelspiel

Für das oben beschriebene Spiel lässt sich tatsächlich die optimale Einsatzhöhe bestimmen. Dazu werden die Gewinnwahrscheinlichkeit und die Höhe der Gewinne und Verluste in die sogenannte Kelly Formel eingegeben.

Die Kelly Formel beruht auf den Arbeiten von John L. Kelly (1956) und Edward O. Thorp (1984) (2006) und befasst sich mit der Frage, wie viel ein Spieler in einem Spiel mit einem bekannten positiven Erwartungswert setzten sollte, um gleichzeitig seinen Gewinn zu maximieren und das Risiko eines Bankrotts kleinzuhalten. Bekannt wurde die Formel vor allem, weil sie erfolgreich von einer Reihe von Black Jack Spielern eingesetzt wurde, die sich durch Kartenzählen einen Gewinnvorteil verschafft hatten. Später wurde die Formel auch bei Sportwetten und im Trading eingesetzt.

Um zu berechnen, welcher Anteil des Kapitals in unserem Spiel in jeder Runde riskiert werden sollte, benötigen wir die Gewinnwahrscheinlichkeit (p) und das Verhältnis zwischen der Höhe des potenziellen Gewinns und des potenziellen Verlusts (b).

$$\text{Einsatzhöhe} = p - \frac{1 - p}{b}$$

In unserem Beispiel beträgt die Gewinnwahrscheinlichkeit 50 Prozent oder 0,5. Der Spieler gewinnt entweder das Doppelte seines Einsatzes oder er verliert einen Einsatz. Das Gewinnverhältnis liegt also bei 2 zu 1. Wir setzen also für b die Zahl 2 ein. Eingesetzt in die Formel erhalten wir einen Wert von 0,25. Pro Runde sollten also optimalerweise 25 Prozent des zur Verfügung stehenden Kapitals eingesetzt werden.

Wie bereits erwähnt, wird die Kelly Formel teilweise auch im Trading eingesetzt. Allerdings gibt es hier einen Haken. Im Gegensatz zu unserem Würfelspiel von oben kennen wir beim Trading weder die Gewinnwahrscheinlichkeit noch haben wir einen fixen Gewinn- oder Verlustbetrag.

Natürlich können Sie beobachten, wie häufig eine bestimmte Kerzenformation in der Vergangenheit zu einem Gewinn oder Verlust geführt hätte und daraus eine Gewinnquote ableiten. Aber dies ist ein statistischer Durchschnittswert aus vergangenen Ereignissen und keine fixe Wahrscheinlichkeit wie beim Würfelspiel.

Ebenso gibt es beim Trading keinen fixen Gewinnbetrag. Stattdessen können die einzelnen Gewinne bei verschiedenen Trades deutlich voneinander abweichen. Im nächsten Abschnitt befassen wir uns damit, dass der Verlust in einigen Fällen sogar deutlich höher ausfallen kann als der durch den Verluststopp festgelegte Verlust. Auch der mögliche Verlust ist also kein fixer Wert.

Ein weiteres Problem ist, dass Sie oft mehrere Trades gleichzeitig laufen haben. Sie werfen den Würfel also nicht mehrmals nacheinander, sondern mehrere Würfel gleichzeitig. Das wäre an sich kein Problem, allerdings fallen die Würfel beim Trading nicht immer unabhängig voneinander. Kommt es beispielsweise zu einem starken Kurseinbruch, werden wahrscheinlich alle Aktien, die Sie halten, gleichzeitig nach unten gehen. Schlechte Ergebnisse treten beim Trading also häufig gehäuft auf. Mit diesem Problem befassen wir uns im übernächsten Abschnitt.

Eine gute Risikostrategie muss also sowohl den Umstand berücksichtigen, dass es manchmal zu überraschend starken Verlusten kommen kann, als auch auf Szenarien vorbereitet sein, in denen sich plötzlich alle Positionen gegen den Trader wenden.

Mit dem Unberechenbaren rechnen

In diesem Abschnitt beschäftigen wir uns mit unerwartet hohen Verlusten, mit denen Sie in einigen seltenen Ausnahmefällen konfrontiert werden können. Bereits in dem Abschnitt über Verluststopps wurde kurz angeschnitten, dass es nicht garantiert ist, dass eine Stop Order immer zu dem in der Order festgelegten Kurs ausgeführt wird.

Viele unerfahrene Trader gehen fälschlicherweise davon aus, dass eine Stop Order immer zum Stoppkurs geschlossen wird. Tatsächlich wird bei einer Stop Order aber erst nach dem Erreichen des Verluststopps eine Market Order an der Börse platziert. Diese Market Order wird dann zum bestmöglichen Kurs ausgeführt. Im Falle einer Stop Verkaufsorder wird also nach dem Erreichen des Verluststopps zu dem höchsten Kurs verkauft, zu dem sich in diesem Moment ein Käufer findet. Wenn es gerade zu einem massiven Kurseinbruch gekommen ist, kann es sein, dass dieser Kurs deutlich unter dem festgelegten Stoppkurs liegt.

Wie Sie bereits in dem Abschnitt über Kurslücken erfahren haben, kommt es besonders oft nach überraschenden Unternehmensmeldungen zu starken Kurssprüngen. Häufig veröffentlichen Unternehmen Quartalszahlen und andere wichtige Meldungen noch vor der Börseneröffnung. Fallen solche Zahlen deutlich schlechter aus als erwartet, eröffnet der Kurs bereits zur Börseneröffnung mit einem deutlichen Kursverlust. In diesem Fall kann der Kurs bereits deutlich unterhalb des Verluststopps eröffnen. Ein Ausstieg erfolgt dann natürlich auch erst zu einem deutlich tieferen Kurs.

Um zu verdeutlichen, wie stark ein solcher Kurseinbruch ausfallen kann, können wir uns die Kursentwicklung von Intel am zweiten August des Jahres 2024 anschauen. Vor Eröffnung der amerikanischen Börsen hatte die Firma deutlich schlechter als erwartete Quartalszahlen gemeldet und gleichzeitig deutliche Ausgabenkürzungen angekündigt. Zu dieser Zeit waren die Börsen generell etwas nervös und Intel galt als eine Firma mit ungünstigen Zukunftsaussichten. All dies führte dazu, dass die Aktie gleich zu Handelseröffnung mit einem Abwärtsgap von mehr als 20 Prozent eröffnete. Unabhängig davon, wo ein Trader seinen Stoppkurs gesetzt hätte, hätte er wahrscheinlich einen deutlich heftigeren Verlust hinnehmen müssen als ursprünglich von ihm erwartet.

Zu einem noch stärkeren Kurseinbruch kam es während des sogenannten Frankenschocks im Jahr 2015 auf den Währungsmärkten. In den Jahren vor dem Schock hatte der Schweizer Franken immer weiter an Wert gewonnen, was zu einem Problem für die Schweizer Exportwirtschaft geworden war. Daraufhin entschied sich die Schweizer Zentralbank dazu, den Kurs des Schweizer Franken nicht über einen Wert von 1,20 Franken pro Euro steigen zu lassen. Die Schweizer Nationalbank sorgte zu dieser Zeit also durch Interventionen auf den Devisenmärkten dafür, dass der Franken nicht über diesen Wert steigen konnte. Daraus resultierend kam es nur noch zu sehr kleinen Kursschwankungen zwischen dem Euro und dem Franken.

Dennoch fanden sich viele sehr kurzfristig orientierte Trader, die versuchten, selbst von diesen kleinen Kursbewegungen zu profitieren. Da die Bewegungen nur sehr klein waren und gleichzeitig das Risiko als gering eingeschätzt wurde, wurde mit hohem Hebel und daraus resultierend hohen Beträgen eingestiegen.

Dann aber verkündete die Schweizer Nationalbank überraschend, dass sie den Frankenkurs nicht weiter künstlich drücken würde. Innerhalb sehr kurzer Zeit sprang der Franken um bis zu 30 Prozent nach oben. Die Trader mit ihren stark gehebelten Positionen wurden eiskalt erwischt. Besonders Futures und CFD Trader wurden von dem Kurssprung böse überrascht. Am Ende ging eine größere Anzahl an Tradern aufgrund des Frankenschocks bankrott. Die Verluste waren sogar so groß, dass selbst einige größere CFD Brokerhäuser in die Insolvenz getrieben wurden.

Diese beiden Beispiele sind natürlich Extrembeispiele, aber Einbrüche von mehr als 10 Prozent kommen leider immer wieder vor. Sie sind zwar selten, aber häufig genug, um sich damit auseinandersetzen zu müssen. Sie müssen davon ausgehen, dass es irgendwann auch eines von Ihren Investments treffen kann und es zu einem überraschenden massiven Verlust kommen kann.

Nun stellt sich die Frage, was ein solcher Einbruch für Ihre Position und für den Rest Ihres Vermögens bedeutet.

Wie stark sich ein solcher Einbruch auf Ihr Gesamtkapital durchschlägt, hängt vor allem davon ab, welche Finanzinstrumente Sie zum Trading nutzen, mit welchen Zeiteinheiten Sie traden und wie groß die betroffene Position im Verhältnis zu Ihrem Gesamtkapital ist. Auf den folgenden Seiten werden wir uns daher diese drei Faktoren etwas näher ansehen.

Risiko bei verschiedenen Finanzinstrumenten

Schauen wir uns zunächst an, mit welchen Finanzinstrumenten auf Kursbewegungen spekuliert werden kann und wie diese auf eine plötzliche Bewegung um 10 Prozent in die falsche Richtung reagieren würden.

Wir gehen im Folgenden immer davon aus, dass auf steigende Kurse spekuliert wurde und es direkt nach dem Einstieg zu einem Kurseinbruch von 10 Prozent gekommen ist.

Aktien

Hier ist die Berechnung relativ leicht, wenn die Aktie um 10 Prozent fällt, verliert Ihre Position 10 Prozent ihres Wertes. Die Frage ist nun, wie hoch der Verlust Ihres Gesamtkapitals ist. Dies ist natürlich davon abhängig, welchen Anteil des Gesamtkapitals in die Aktie investiert war.

Betrachten wir dazu noch einmal die Aktie aus unserem ersten Beispiel. Hier wurde eine Position in Höhe von 12318,60€ eröffnet. Wenn wir annehmen, dass der Kursabsturz direkt nach der Eröffnung der Position stattgefunden hat, würde also ein Verlust von 1231€ entstehen. Bei einem ursprünglichen Gesamtkapital von 100.000€ hätten Sie also 1,23 Prozent Ihres Kapitals verloren. Das ist zwar mehr als die erwarteten 0,5 Prozent, aber immer noch vertretbar.

Wenn Sie sich bei der Eröffnung des Trades dazu entschieden hätten, einen höheren Einsatz zu wagen, wären natürlich auch Ihre Verluste höher ausgefallen.

Knock Out Zertifikate

Das Besondere bei Knock Out Zertifikaten ist, dass sie bei Erreichen einer bestimmten Kursschwelle automatisch wertlos verfallen. Beträgt der Wert einer Aktie also 100€ und ein zugehöriges Knock Out Zertifikat hat eine Kursschwelle von 95€, so fällt der Wert des Knock Outs auf null, sobald der Kurs der Aktie auf oder unter 95€ sinkt. Der potenzielle Verlust ist also immer auf den Wert des Knock Outs begrenzt. Hat ein Trader einen Knock Out Zertifikat für 5€ gekauft, kann er damit höchstens 5 Euro verlieren. Dies gilt auch dann, wenn der Kurs der Aktie deutlich unterhalb der Knock Out Schwelle eröffnet.

Dies führt dazu, dass die eigentlich als deutlich riskanter eingestufte Knock Outs bei starken Kurseinbrüchen unter bestimmten Umständen zu weniger Verlusten führen können als ein direktes Investment in eine Aktie. Wurde die Knock Out Schwelle nämlich so gewählt, dass sie sehr nah am Verluststopp liegt, kann der Verlust auch bei einem starken Kurseinbruch relativ überschaubar gehalten werden.

Optionsscheine

Bei Optionsscheinen ist der Verlust nach einem starken Kurseinbruch etwas schwerer zu berechnen. Unter anderem haben hier auch die Laufzeit des Optionsscheins, der Abstand zum Basispreis und nicht zuletzt die Volatilität, die bei einem Kurseinbruch stark zunimmt, einen Einfluss auf die Kursentwicklung des Scheins. Generell kann aber gesagt werden, dass der Wert des Optionsscheins nie unter null fallen kann. Der Verlust ist also immer auf den Kaufpreis des Optionsscheins begrenzt.

CFDs

Nun kommen wir zu den Finanzinstrumenten, bei denen der mögliche Verlust nicht auf den ursprünglichen Einsatz begrenzt ist.

Auch mithilfe von CFDs kann an der Kursbewegung einer Aktie oder eines Indizes partizipiert werden. Vor dem Einstieg in eine Trading Position muss beim CFD Broker eine ausreichende Menge an Geld als Margin hinterlegt werden. Bei Aktien beträgt diese Margin meistens 20 Prozent des Wertes der Aktie, bei Indizes liegt die Margin häufig bereits bei 5 Prozent.

Nehmen wir an, der DAX steht im Moment bei 18.000 Punkten. Um eine volle Position des DAX handeln zu können, müssen also 900€ als Margin hinterlegt werden. Nun kann eins zu eins an der Entwicklung des DAX partizipiert werden. Steigt der Index um 10 Punkte, steigt die Position um 10€, fällt der DAX um 10 Punkte, verliert auch die Position 10€.

Der CFD Broker verlangt zwar die Hinterlegung einer Margin, allerdings ist das Risiko nicht auf diese Margin begrenzt. Beginnen die Kurse zu fallen, wird der Broker einen Nachschuss verlangen. Dazu nimmt er zuerst Geld aus Ihrem CFD Konto. Reicht die Höhe des Kontos nicht mehr aus, um die Marginforderungen auszugleichen, erfolgt ein Margin Call. Sie werden also aufgefordert, weiteres Geld in Ihr Konto einzuzahlen. Kommen Sie dem nicht nach und es befindet sich nicht mehr ausreichend Geld auf Ihrem Konto, wird die Position mit Verlust glattgestellt.

Zumindest hier in Deutschland kann der Wert des CFD Kontos eines Privatanlegers nur auf null fallen. Einige CFD Broker bieten zusätzlich Konten für professionelle Anleger an, die zwar teilweise etwas bessere Konditionen bei der Margin erhalten, allerdings ist dafür das Risiko bei diesen Konten nicht auf die Höhe des CFD Kontos beschränkt. Bei diesen Konten besteht eine Nachschusspflicht. Der Trader muss also bei einem Verlust weiter Geld nachschießen, selbst nachdem das Geld auf dem Konto bereits verbraucht ist.

Bis 2017 bestand diese Nachschusspflicht übrigens auch für Privatanleger. Die CFD Anleger in dem zuvor erwähnten Frankenschock waren also gezwungen, für ihre gesamten Verluste aufzukommen, was für einige wohl in der Privatinsolvenz geendet hat.

Einige CFD Anbieter bieten garantierte Stop Orders an. Hier garantiert der CFD Broker, dass der Trade zum Kurs der Stop Order geschlossen wird. Dies reduziert das Verlustrisiko des Traders natürlich deutlich. Allerdings verlangen die CFD Broker für diese Orderart eine zusätzliche Gebühr. Die zusätzliche Sicherheit muss also mit zusätzlichen Kosten bezahlt werden.

Futures

Futures sind standardisierte Finanzkontrakte, die an der Börse gehandelt werden.

Auch bei Futures reicht es aus, dass eine Margin hinterlegt wird, um so deutlich höhere Summen zu bewegen. Bei Futures besteht aber immer eine Nachschusspflicht. Ein Futures Trader haftet also im Zweifelsfall mit seinem gesamten Vermögen.

Fazit

Je nachdem, welches Finanzinstrument zum Traden verwendet wird, kann der Verlust nach einem Kurseinbruch also unterschiedlich hoch ausfallen und damit auch unterschiedlich starke Folgen für das gesamte Portfolio nach sich ziehen. Durch ein geschicktes Vorgehen kann das Worst Case Risiko bei einigen Finanzinstrumenten aber deutlich reduziert werden.

Risiko bei verschiedenen Zeiteinheiten

Nicht nur die Art des Finanzinstruments, sondern auch der Abstand zwischen Verluststopp und Einstiegskurs hat einen starken Einfluss darauf, wie hoch der potenzielle Verlust nach einem starken Kurseinbruch ausfallen kann. Je kleiner der Abstand zwischen den beiden Werten, desto größer ist die Position, die eröffnet werden kann, und desto stärker reagiert diese Position auf starke Kursausschläge.

Beispiel

Nehmen wir an, eine Aktie notiert bei 100€. Es sollen immer höchstens 500€ pro Trade riskiert werden.

Im ersten Szenario wird der Verluststopp bei 95€ platziert. Um zu berechnen, wie viele Aktien gekauft werden, teilen wir nun 500€ durch 5€. Wir dürfen also 100 Aktien kaufen. Unsere Position hat daher einen Wert von 10.000€.

Im zweiten Szenario ist der Verluststopp nur 2 Euro vom Einstiegskurs entfernt. Der Einstiegskurs liegt wieder bei 100€, der Verluststopp liegt jetzt allerdings bereits bei 98€. Wir berechnen erneut, wie viele Aktien wir kaufen dürfen und erhalten diesmal eine Anzahl von 250 (500€ geteilt durch 2€). Die zweite Position hat dadurch einen Gesamtwert von 25.000€.

Nun untersuchen wir, wie sich ein plötzlicher Kurssturz von 10 Prozent auf die beiden Positionen auswirken würde. Wir gehen hierbei davon aus, dass der Kurssturz gleich nach dem Einstieg erfolgte. Der Kurs fällt also direkt nach unserem Einstieg auf 90€. Dabei bricht der Kurs so abrupt ein, dass ein Ausstieg vorher nicht möglich war.

Im ersten Szenario halten wir 100 Aktien. Der Gesamtverlust liegt hier also bei 1000€.

Deutlich schlechter sieht es im zweiten Szenario aus. Hier haben wir mit 250 Aktien deutlich mehr Aktien gekauft als im ersten Szenario. Um den entstandenen Verlust zu berechnen, müssen wir nun die 10€ Verlust pro Aktie mit der Anzahl der Aktien multiplizieren. Diesmal beträgt der Verlust 2.500€ und ist damit deutlich höher als im ersten Szenario.

Je kleiner also der Abstand zwischen Verluststopp und Einstiegskurs, desto größer kann der unerwartete Verlust nach einem plötzlichen Kurseinbruch ausfallen.

Wie groß der Abstand zwischen Einstiegskurs und Verluststopp ist, hängt zu einem großen Teil davon ab, welche Zeiteinheit der Chart hat, in dem getradet wird. Je kleiner die Zeiteinheit, desto kleiner ist meistens der Abstand zwischen den beiden Werten und desto stärker reagiert die Position auf einen großen Verlust.

Zur Verdeutlichung sehen wir uns dazu an, welchen Effekt ein Kurseinbruch von 10 Prozent auf eine typische Trading Position im Wochenchart, im Tageschart und im Stundenchart hat.

Wochenchart

Wochencharts werden vor allem von eher mittel- bis langfristig orientierten Tradern eingesetzt. Bei einer Kerzenformation, die im Wochenchart erscheint, ist der Abstand zwischen Verluststopp und Einstiegskurs meistens relativ groß. Selbst in den Fällen, in denen die Kerzenformation lediglich aus einer einzelnen Kerze besteht, zeigt diese Kerze ja immer noch den höchsten und den tiefsten Kurs einer ganzen Woche an. Dementsprechend groß ist diese Kerze und der Verluststopp ist in einigen Fällen selbst hier mehr als 10 Prozent vom Einstiegskurs entfernt. Daraus resultierend werden relativ wenige Aktien gekauft und die Position selbst ist nicht allzu groß, sodass ein Kurseinbruch von 10 Prozent keine allzu großen Auswirkungen hat. In einigen Fällen wird der Kurs selbst nach einem Einbruch um 10 Prozent noch immer über dem Verluststopp notieren.

Tageschart

Bei Tagescharts liegt die Höhe einer Candlestick Formation meistens zwischen zwei bis vier Prozent. Dementsprechend ist der Abstand zwischen Verluststopp und Einstiegskurs etwas kleiner als bei einer Kerzenformation im Wochenchart. Daraus folgt, dass im Schnitt mehr Aktien gekauft werden können und aus diesem Grund auch die Trading Positionen etwas größer sind. Die potenziellen Verluste nach einem größeren unerwarteten Kurseinbruch sind also beim Trading im Tageschart etwas größer als im Wochenchart.

Wenn ein Anleger sowohl Signale im Wochenchart als auch im Tageschart handelt, könnte er überlegen, ob er bei Candlestick Signalen im Tageschart Knock Out Zertifikate oder Optionsscheine einsetzt und im Wochenchart die Aktien direkt kauft. Dadurch kann im Tageschart das Worst Case Risiko durch die geschickte Wahl des Zertifikates oder des Optionsscheins eingeschränkt werden. Im Wochenchart ist dieses Risiko, wie zuvor beschrieben, nicht ganz so groß.

Gegen den Einsatz von Knock Outs oder Optionsscheinen bei langfristigen Trades spricht auch, dass ein Anleger in diesem Fall enorm hohe Haltekosten zahlen muss. Bei Knock Out Zertifikaten zieht der Emittent jeden Tag einen kleinen Betrag als Finanzierungskosten vom Wert des Zertifikates ab. Auch bei Optionsscheinen verliert der Anleger durch den Zeitwertverlust jeden Tag etwas Geld. Wird eine Trading Position nach kurzer Zeit wieder verkauft, bleiben diese Kosten überschaubar. Wird die Position aber über mehrere Monate gehalten, können diese Kosten einen Großteil der Trading Gewinne wieder auffressen.

Stundenchart

Bei Daytradern und anderen sehr kurzfristig orientierten Tradern besonders beliebt ist der 1 Stunden Chart. Bei diesem Chart wird für jede Stunde eine neue Kerze eingezeichnet.

Die Kerzenformationen, die in diesen Charts erscheinen, sind natürlich deutlich kleiner als die Formationen in den vorherigen Charts. Der Abstand zwischen Stoppkurs und Einstiegskurs liegt häufig unter einem Prozent.

Hier kann sich ein plötzlicher Kurseinbruch von 10 Prozent natürlich verheerend auswirken. Der Verlust wäre in diesem Fall mehr als zehnmal so hoch wie der angenommene höchste Verlust. Wenn hier die Anzahl der zu kaufenden Aktien nach der CPR Formel berechnet worden wäre, wäre eine riesige Position aufgebaut worden. Ein starker Kurseinbruch hätte daher auch im Gesamtdepot deutlichen Schaden hinterlassen.

Aus diesem Grund sollten zumindest Trades im Stundenchart (oder in Charts mit noch kleineren Zeiteinheiten) anders behandelt werden als Trades in Charts mit größeren Zeiteinheiten.

Die meisten Daytrader, die Signale in Charts mit kleinen Zeiteinheiten traden, haben ein gesondertes Daytrading Konto neben ihrem „normalen" Wertpapierdepot. Häufig wird hier mit einem kleineren Risiko pro Trade gehandelt als bei dem normalen Depot.

Daneben sollte dazu Sorge getragen werden, dass nicht ein einzelner Verlusttrade zu einem zu großen Schaden für das Gesamtvermögen führen kann. Dies kann dadurch geschehen, dass man beim Trading mit CFDs mit Garantierten Stop Orders arbeitet und nicht zu viel überschüssiges Kapital auf dem CFD Konto lässt.

Kumuliertes Risiko

Bis jetzt haben wir immer nur einen einzelnen Trade betrachtet. Die meisten Trader haben aber häufig mehrere Trades nebeneinander laufen. Sie halten also gleichzeitig mehrere Positionen in verschiedenen Aktien, Rohstoffen oder Währungen.

Diese Positionen wurden zwar aus unterschiedlichen Gründen und zu unterschiedlichen Zeitpunkten eröffnet, dennoch bewegen sie sich nicht vollkommen isoliert voneinander. Die meiste Zeit über bewegen sich die meisten Aktien in dieselbe Richtung. Dies gilt besonders dann, wenn sich der Aktienmarkt in einer starken Trendphase befindet.

Auch bei plötzlichen Kursschocks kommt es meistens zu einer Gleichbewegung. In den meisten Jahren kommt es mindestens einmal innerhalb des Jahres zu einem starken Kursrückgang. In diesen Phasen bewegen sich nahezu alle Aktien nach unten, unabhängig davon, wie sich die Kurse der Aktien vorher entwickelt haben.

Kommt es zu heftigen Kurseinbrüchen auf den Aktienmärkten, führt dies häufig auch zu Turbulenzen auf anderen Märkten. Bei längerfristigen Kursrückgängen geben meistens auch die Kurse vieler Rohstoffe nach. Beispielsweise ist die Nachfrage nach einigen Metallen oder Erdöl stark konjunkturabhängig. Rechnen die Marktteilnehmer mit einer Verschlechterung der Wirtschaftslage, gehen sie davon aus, dass die Nachfrage nach diesen Rohstoffen sinken wird. Aus diesem Grund bewegen sich die Kurse dieser Rohstoffe meistens gemeinsam mit den Aktienkursen nach unten.

Auch die Kurse von Kryptowährungen und anderen Währungen werden von starken Kurseinbrüchen auf den Aktienmärkten beeinflusst. In der (zugegeben noch relativ kurzen) Vergangenheit der Kryptowährungen sind die Kurse von Bitcoin und Co. meistens zusammen mit den Kursen der Aktien nach unten gegangen.

Bei anderen Währungen kommt es häufig vor, dass die Anleger in turbulenten Zeiten ihr Geld aus risikoreicheren Währungen wieder in den Dollar umschichten. Auch hier kommt es also nach Kurseinbrüchen auf den Aktienmärkten zu Bewegungen auf anderen Märkten.

Die Märkte sind also zumindest zu bestimmten Zeiten alle miteinander verbunden. Wenn ein Anleger Positionen in mehreren Aktien oder auch anderen Werten hält, kann ein überraschender Kursumschwung daher dazu führen, dass plötzlich alle seine Positionen gleichzeitig ins Minus drehen.

Aus diesem Grund sollten Sie nicht nur festlegen, wie viel eine einzelne Position verlieren darf, sondern auch, wie hoch das Gesamtrisiko Ihres Gesamtdepots höchstens sein sollte.

Beispielsweise könnten Sie für sich festlegen, dass Sie mit allen laufenden Trades höchstens 10 Prozent Ihres jetzigen Depotwertes verlieren möchten. Bei einem Depot von 100.000€ wären dies also 10.000€.

Aus dieser Größe können Sie nun ableiten, wie viele und welche Arten von Trades Sie insgesamt gleichzeitig höchstens halten dürfen.

Dazu müssen Sie zuerst untersuchen, wie viel Sie mit Ihren einzelnen Positionen im Worst Case Szenario verlieren könnten. Das Worst Case Szenario ist in unserem Fall wieder ein Kursverlust von 10 Prozent.

Im zweiten Schritt werden die potenziellen Verluste der einzelnen Positionen zusammengerechnet. Dieser Wert sollte in unserem Beispiel unter 10.000€ liegen.

Soll nun eine neue Position eröffnet werden, wird auch für diese Position zuerst der potenzielle Verlust im Worst Case Fall berechnet. Im Anschluss wird der Verlust zu den anderen potenziellen Verlusten hinzugerechnet. Liegt auch diese Summe noch unter 10.000€, so kann die neue Position eröffnet werden. Liegt der Wert hingegen darüber, kann kein neuer Trade eingegangen werden oder es muss vorher erst eine andere Position geschlossen werden.

Bei jedem neuen Trade müssen Sie also zuerst prüfen, wie viele Positionen Sie bereits halten und ob Sie mit der neu hinzukommenden Position das Gesamtrisiko überschreiten. Nur wenn der Wert des Gesamtrisikos mit dem neuen Trade nicht überschritten wird, darf der Trade durchgeführt werden.

Die einzelnen Teile zusammensetzen

Nachdem ich Sie nun über mehr als 30 Seiten mit Risikomanagement gequält habe, können wir uns nun endlich einen Plan zusammenlegen, wie die Positionsgröße bestimmt werden soll. Wir gehen dabei in mehreren Schritten vor. Im ersten Schritt müssen wir die Höhe des Gesamtrisikos festlegen. Ausgehend von diesem Wert wird dann in mehreren Teilschritten die richtige Positionsgröße bestimmt.

Schritt 1

Bevor Sie die Positionsgröße für Ihren ersten Trade berechnen können, müssen Sie sich zuerst fragen, wie hoch das Gesamtrisiko sein soll, das Sie mit allen Trades zusammen eingehen möchten. Dies ist der Wert, den Sie verlieren würden, falls alle Kurse plötzlich um 10 Prozent einbrechen würden, nicht der Verlust, der Ihnen entstehen würde, falls alle Trades „nur" auf Ihre Verluststopps fallen.

Wir wählen hier einen etwas konservativeren Wert und nehmen an, Sie sind bereit, 10 Prozent mit Ihrer Gesamtposition zu verlieren. Bei einem Tradingkapital von 100.000€ wären dies 10.000€.

Schritt 2

Als Zweites sollten Sie festlegen, wie viel Geld Sie bereit sind, pro Trade zu verlieren. Wir nehmen hier einmal an, Sie wollen bei jedem Trade 1 Prozent Ihres Tradingkapitals oder 1.000€ riskieren.

Schritt 3

Nun wenden wir uns dem ersten Trade zu. Wir nehmen an, dass Sie die Umkehrformation aus unserem ersten Beispiel handeln möchten. Der Einstiegskurs lag bei dieser Formation bei 41,90€, der Verluststopp soll bei 40,20€ gesetzt werden. Im Normalfall würden Sie, falls der Kurs wider Erwarten fällt und den Stopp auslöst, bei diesem Trade also 1,70€ verlieren. Wir wollen aber zusätzlich wissen, wie hoch der Verlust pro Aktie im Falle eines Kurseinbruchs von 10 Prozent ist.

Handeln wir die Aktie direkt, ist der Wert leicht zu berechnen. 10 Prozent vom Kaufkurs von 41,90€ sind 4,19€. Sie würden also 4,19€ pro Aktie verlieren. Mit diesem Wert wird jetzt die Positionsgröße berechnet. Bei Schritt 2 haben wir festgelegt, dass Sie bereit sind, 1.000€ pro Trade zu verlieren. Wir teilen die 1.000€ durch 4,19€ und erhalten 238, die Anzahl der Aktien, die Sie kaufen könnten. Bei einem Kurseinbruch von 10 Prozent würden Sie bei dieser Anzahl von Aktien also 1.000€ verlieren. Kommt es hingegen nur zu einem normalen Rücksetzer, bei dem die Aktien zum Kurs des Verluststopps verkauft werden können, würde Ihnen ein Verlust von 404,60€ (238 mal 1,70€) entstehen.

Bis jetzt sind wir davon ausgegangen, dass Sie die Aktie direkt kaufen wollen. Natürlich haben Sie aber auch die Möglichkeit, mithilfe eines Zertifikates oder eines Optionsscheins auf einen Kursanstieg der Aktie zu spekulieren. Nehmen wir nun an, Sie hätten sich dazu entschieden, anstatt der Aktie ein Knock Out Zertifikat auf die Aktie zu kaufen. Es bietet sich hier an, ein Zertifikat zu kaufen, dessen Knock Out Barriere sehr nah am Verluststopp liegt. In diesem Fall muss keine gesonderte Stop Order zur anfänglichen Verlustbegrenzung gesetzt werden, da die Knock Out Barriere der Verluststopp ist.

Sie wählen daher ein Knock Out Zertifikat mit einer Barriere von 40€. Dieser Schein würde also wertlos verfallen, wenn der Kurs der Aktie auf oder unter 40€ fällt.

Notiert die Aktie bei einem Kurs von 41,90€, wird das Knock Out Zertifikat in etwa einen Wert von 1,90€ haben. (Wir nehmen hier an, dass das Zertifikat ein Bezugsverhältnis von 1 : 1 hat). Wenn der Kurs der Aktie den geplanten Einstiegskurs erreicht, würde das Zertifikat also zu einem Kurs von 1,90€ gekauft werden. Fällt der Kurs der Aktie zu einem späteren Zeitpunkt auf 40€, haben Sie 1,90€ verloren.

Wie hoch ist nun der Verlust im Falle eines plötzlichen Kurseinbruchs von 10 Prozent? Immer noch 1,90€, da der Wert des Zertifikates nicht unter null fallen kann. Dies hat natürlich auch Auswirkungen auf die Positionsgrößenbestimmung. Da der maximal mögliche Verlust bei 1,90€ liegt, werden die 1.000€ durch diesen Wert geteilt, um so zu einer Positionsgröße von 526 Zertifikaten zu kommen.

Wird statt eines Kaufs der Aktie mit Knock Out Zertifikaten getradet, kann die Positionsgröße deutlich erhöht werden. Die Positionsgröße ist also von dem gewählten Finanzinstrument abhängig.

Schritt 4

Im letzten Schritt müssen Sie prüfen, ob mit der neuen Position das Gesamtrisiko überschritten wird. Wenn Sie das Gesamtrisiko auf 10 Prozent festgelegt haben und eine Positionsgröße von einem Prozent gewählt haben, können Sie insgesamt 10 Trades gleichzeitig nebeneinander laufen haben. Eine elfte Position würde das Gesamtrisiko übersteigen und dürfte daher nicht eröffnet werden. Wenn ein neuer Trade besonders vielversprechend aussieht, kann notfalls eine der alten Positionen geschlossen werden, um eine neue zu eröffnen.

Abschließende Bemerkungen zu Risiko und gutem Trading

Sowohl die in diesem Abschnitt gewählten Werte für das Risiko pro Trade als auch die Werte für das Gesamtrisiko sind Beispielwerte. Wie hoch die Werte sind, die Sie verwenden wollen, ist natürlich Ihre Entscheidung. Die Höhe des eingegangenen Risikos hängt unter anderem von Ihrer persönlichen finanziellen Situation, Ihrer Risikoaversion und der Frage ab, wie schnell Sie größere finanzielle Verluste durch andere Quellen (wie bspw. Ihr Gehalt) wieder auffüllen können.

Beim Festlegen des Wertes des Gesamtrisikos sollten Sie sich vor Augen führen, dass bei einem starken Kurseinbruch der gesamte Wert binnen weniger Tage verloren gehen kann. Dies gilt insbesondere dann, wenn Sie mit kleineren Zeiteinheiten traden.

Auch die Höhe des eingesetzten Kapitals pro Trade müssen Sie selbst für sich festlegen. Bei den Werten für das Risiko pro Trade würden die meisten Trader einen Wert zwischen 2 Prozent und 0,5 Prozent wählen. Je höher dieser Wert, desto größer ist natürlich der potentielle Verlust.

Gleichzeitig können Sie mit einem höheren Wert weniger Trades eröffnen. Wenn Sie weniger Positionen halten, nimmt natürlich auch die Risikostreuung ab. Auf der anderen Seite kann man aber auch zu viele Positionen auf einmal haben. An irgendeinem Punkt läuft man Gefahr, den Überblick zu verlieren und einige Positionen aus den Augen zu verlieren. Auch hier muss also eine Balance zwischen zu vielen und zu wenigen Positionen gefunden werden.

Wenn Sie neu mit dem Trading anfangen oder auch nur eine neue Strategie ausprobieren möchten, sollten Sie immer zunächst mit einem möglichst niedrigen Prozentsatz anfangen.

Zum einen, weil Sie zuerst für sich testen müssen, ob Sie die gewählte Trading Strategie richtig umsetzen können. Es gibt leider eine Menge Trader, die zwar eine profitable Strategie entwickelt haben, aber dann im eigentlichen Tradingalltag immer wieder auf kurzfristige Bewegungen reagieren und dann von der gewählten Strategie abweichen. Das führt häufig dazu, dass sie trotz einer auf dem Papier funktionierenden Strategie Verluste machen. Solange Sie die von Ihnen gewählte Strategie nicht profitabel umsetzen können, sollten Sie auf keinen Fall den Einsatz erhöhen.

Zum anderen müssen Sie erst selbst für sich erfahren, wie Sie auf Verluste im Trading reagieren. Viele Trading Anfänger glauben, dass sie mehrere aufeinanderfolgende Verluste von jeweils tausend Euro problemlos wegstecken können, ohne dass sie dies emotional belasten oder ihr Tradingverhalten beeinflusst würde. In den meisten Fällen werden Sie dann aber doch feststellen, dass sie in solchen Situationen Entscheidungen treffen, die sie im Nachhinein nur schwer erklären können. Oft werden eigentlich unsinnige Positionen eingegangen oder der Einsatz pro Trade erhöht, um so das verlorene Geld wieder schneller zurückzugewinnen. Andere Trader wiederum scheuen nach mehrfachen Verlusten davor zurück, einen neuen Trade zu eröffnen, weil sie einen erneuten Verlust fürchten. Aus diesem Grund sollten Sie zuerst mit kleinen Positionen anfangen, um sich so selbst besser kennenzulernen.

Generell sollten Sie nur mit Geldsummen traden, mit denen Sie sich wohlfühlen. Wenn sich bei zu großen Summen Ihr Tradingverhalten ändert und Sie beginnen unsinnige emotionale Entscheidungen zu treffen, sollten Sie Ihr Risiko wieder verringern.

Wichtig ist es, das Trading so stressfrei wie möglich zu halten. Ein Schritt dazu ist es, wie schon erwähnt, nur mit den Geldsummen zu traden, mit denen man sich wohlfühlt. Des Weiteren sollten so viele Entscheidungen wie möglich vor dem Eröffnen der Trading Position getroffen und dann automatisiert ausgeführt werden. Beispielsweise können Einstieg und Ausstieg mithilfe von Stop Orders ausgeführt werden, sodass Kauf- und Verkaufsentscheidungen nicht in der Hitze des Gefechts, wenn Emotionen im Spiel sind, getroffen werden müssen.

Wenn Sie immer Ihre Stopps korrekt gesetzt haben, müssen Sie Ihre Trades auch nicht ständig verfolgen. Bei Trades im Tageschart reicht es eigentlich aus, wenn die Kurse nur jeden Abend kontrolliert werden. Bei Trades im Wochenchart genügt es sogar, sich einmal am Wochenende hinzusetzen, um die eigenen Positionen zu überprüfen und gegebenenfalls neue Trades vorzubereiten. In diesen Fällen treffen Sie also Ihre Tradingentscheidungen zu einem Zeitpunkt, an dem Sie nicht traden können. Dieses Vorgehen verhindert, dass Sie wichtige Entscheidungen unter Zeitdruck treffen müssen und schützt Sie so vor emotionalen Entscheidungen. Ein ständiges Beobachten der Aktien führt hingegen häufig zu Kurzschlussreaktionen, die man kurz danach wieder bereut.

Generell sollten Sie versuchen, Emotionen so weit wie möglich auszuschließen und sich auf das Befolgen Ihrer Strategie konzentrieren.

Gutes Trading muss langweilig sein.

Glossar

Bearisch

Bearisch eingestellte Anleger rechnen mit fallenden Kursen. Ein bearisches Chartsignal sagt also fallende Kurse voraus.

Bullisch

Als Bullen werden an der Börse Anleger bezeichnet, die von steigenden Kursen ausgehen. Ein bullisches Chartsignal deutet daher auf einen bevorstehenden Kursanstieg hin.

Kaufposition oder Long Position

Eine Kaufposition wird eröffnet, wenn auf steigende Kurse spekuliert werden soll.

Wird beispielsweise angenommen, dass eine bestimmte Aktie in Zukunft steigen wird, kann eine Kaufposition einfach dadurch eröffnet werden, indem die Aktie gekauft wird. Alternativ dazu kann auch mit Hilfe von Zertifikaten, Optionsscheinen oder CFDs auf steigende Kurse gesetzt werden.

Leerverkauf

Bei einem Leerverkauf leiht sich ein Trader bei einer anderen Person (oder einer Institution) eine Aktie und verkauft diese Aktie dann an der Börse. Um den Leerverkauf wieder zu schließen, muss er die Aktie zu einem späteren Zeitpunkt wieder kaufen und kann diese dann an den Verleiher zurückgeben.

Er macht einen Gewinn, wenn der Kurs, zu dem er die Aktie am Anfang gekauft hat, höher ist als der Kurs, zu dem er die Aktie später wieder zurückkaufen muss. Leerverkäufer spekulieren also auf fallende Kurse.

Im Gegensatz zu Short Trades mit Optionen oder Zertifikaten haben Leerverkäufe einen direkten Einfluss auf die Entwicklung des Aktienkurses, da die Aktie tatsächlich an der Börse verkauft und gekauft wird.

Short Position

Mit Hilfe einer Short Position kann auf fallende Kurse spekuliert werden. Die Position steigt an Wert, wenn der Kurs fällt. Steigt hingegen der Kurs, verliert die Position an Wert.

Anleger haben verschiedene Möglichkeiten, bei fallenden Kursen Gewinne zu erzielen. Geht ein Anleger davon aus, dass eine bestimmte Aktie fällt, kann er beispielsweise ein Short Knock Out Zertifikat oder einen Put Optionsschein kaufen. Diese Wertpapiere gewinnen an Wert, wenn die zugrundeliegende Aktie fällt. Das Traden mit Knock Out Zertifikaten und Optionsscheinen kann deutlich risikoreicher sein als ein Investment in Aktien. Sie sollten sich genau der Funktion dieser Wertpapieren bewusst sein, bevor Sie beginnen, mit diesen handeln.

Noch etwas risikoreicher ist der Leerverkauf von Aktien. Hier leiht sich der Trader eine Aktie bei einem Dritten und verkauft diese Aktie dann an der Börse. Fällt die Aktie, kann er die Aktie später zu einem niedrigeren Preis wieder zurückkaufen und sie dem Verleiher zurückgeben.

Stop Order

Eine Stop Order wird gesetzt, um ein Wertpapier zu kaufen oder zu verkaufen, sobald der Kurs einen bestimmten Wert erreicht hat.

Eine Stop Kauforder wird oberhalb des aktuellen Kurses gesetzt. Notiert eine Aktie beispielsweise bei 72 €, so könnte eine Stop Order bei 75 € gesetzt werden. Steigt der Kurs zu einem späteren Zeitpunkt auf 75 €, wird die Aktie zum nächstmöglichen Kurs gekauft.

Mit Hilfe einer Stop Verkaufsorder wird eine Aktie verkauft, sobald ein Kurs unterhalb des aktuellen Kurses erreicht wird. Bei einer Aktie, die im Moment bei einem Kurs von 62 € notiert, kann beispielsweise eine Stop Verkaufsorder bei 60 € gesetzt werden. Fällt der Kurs nun auf oder unter 60 €, wird die Aktie zum nächstmöglichen Kurs verkauft.

Appendix

In diesem Abschnitt finden Sie die genauen Spezifikationen für die in Kapitel 6 getesteten Candlestick Formationen. Untersucht wurden die Kurse der 10 Aktien, die zum Zeitpunkt der Untersuchung die höchste Marktkapitalisierung hatten. Dabei handelt es sich um die Aktien von SAP, Siemens, Deutsche Telekom, Allianz, Airbus, Münchener Rück, Mercedes-Benz, Siemens Healthineers, Deutsche Post und BMW.

Im Folgenden finden Sie die Bedingungen (Conditions), die die einzelnen Candlestick Formationen erfüllen mussten, damit sie gehandelt werden konnten.

Dabei gilt:

Open   = Eröffnungskurs der letzten Kerze der Formation

Open[1] = Eröffnungskurs der vorletzten Kerzen

Close   = Schlusskurs

low   = tiefster Kurs

high   = höchster Kurs

Bearish Harami

Condition1=(Open[1]<Close[1])
Condition2=(Open[1]<Close)
Condition3=(Open[1]<Open)
Condition4=(Close[1]>Open)
Condition5=(Close[1]>Close)
Condition6=(Open[2]<Close[1])
Condition7=(Close[1]>Close[2])
Condition8=(Close[2]>Open[2])
Condition9=(Close[3]>Open[3])

Anzahl untersuchte Formationen: 396

Bullish Harami

Condition1=(Open[1]>Close[1])
Condition2=(Open[1]>Open)
Condition3=(Open[1]>Close)
Condition4=(Close[1]<Open)
Condition5=(Close[1]<Close)
Condition6=(Open[2]>Close[1])
Condition7=(Open[2]>Close[2])
Condition8=(Open[3]>Close[3])

Anzahl untersuchte Formationen: 506

Bullish Engulfing

Condition1=(Open<Close)
Condition2=(Open[1]>Close[1])
Condition3=(Open[1]<Close)
Condition4=(Close[1]>Open)
Condition5=(Close[2]>Open)
Condition6=(Close[3]>Open)
Condition7=(Open[2]>Close[2])
Condition8=(Open[3]>Close[3])

Anzahl untersuchte Formationen: 268

Bearish Engulfing

Condition1=(Open>Close)
Condition2=(Open[1]<Close[1])
Condition3=(Open[1]>Close)
Condition4=(Close[1]<Open)
Condition5=(Open[2]<Close[2])
Condition6=(Open[3]<Close[3])
Condition7=(Close[2]<Open)
Condition8=(Close[3]<Open)

Anzahl untersuchte Formationen: 292

Hammer

Condition1=((close - low)/(.001 + high - low) > 0.66)
Condition2=(open - low)/(.001 + high - low) > 0.66
Condition3=low<low[1]
Condition4=close[1]<open[1]
Condition5=close[2]<open[2]

Der untere Schatten der Hammerkerze mit mindestens zweidrittel der Gesamtkerze ausmachen.

Anzahl untersuchte Formationen: 517

Shooting Star

Condition1=open[1] < close[1]
Condition2=low > high[1]
Condition3=open> high[1]
Condition3=((high - close)/(.001 + high - low) > 0.66)
Condition4=(high - open)/(.001 + high - low) > 0.66)
Condition5=open[2]< close[2]

Beim Shooting Star wurde die engere Definition gewählt, bei der zwischen der Shooting Star Kerze und der Vorkerze eine Kurslücke liegen muss.

Anzahl untersuchte Formationen: 63

Literatur

Bulkowski, T. N. (2010). *Enzyklopädie der Candlesticks.* München: Finanzbuch Verlag

Caginalp, G. and Laurent H. (1998). The Predictive Power of Price Patterns, *Applied Mathematical Finance*, 5, 181-205.

Goo, Y., Chen, D. & Chang, Y. (2007). The Application of Japanese Candlestick Trading Strategies in Taiwan. *Investment Management and Financial Innovations*, 4, 49-71.

Kelly, J. L. (1956). A New Interpretation of Information Rate. *Bell System Technical Journal* ,35, 917- 926.

Lu, T., Shiu, Y., and Liu, T. (2012). Profitable candlestick trading strategies-The evidence from a new perspective, *Review of Financial Economics* 21, 63-68.

Marshall, B. R., Young, M. R., & Cahan, R. (2008). Are candlestick technical trading strategies profitable in the Japanese equity market? *Review of Quantitative Finance and Accounting*, 31, 191-207.

Marshall, B. R., Young & M. R. & Rose, L. C. (2006). Candlestick Technical Trading Strategies: Can They Create Value for Investors? *Journal of Banking Finance,* 30, 2303-2323.

Morris, G. L. (2006). Candlestick Charting Explained: Timeless Techniques for Trading Stocks and Futures. (3rd ed). New York: Mc-Graw Hill

Nison, S. (1991). Japanese Candlestick Charting Techniques. New York: New York Institute of Finance.

Nison, S. (2007). Technische Analyse mit Candlesticks. München: Finanzbuch Verlag

Nison, S. (1994). Beyond Candlesticks: New Japanese Charting Techniques Revealed. New York: John Wiley & Sons Inc.

Shiu, Y. And Lu, T. (2011). Pinpoint and Synergistic Trading Strategies of Candlesticks. *International Journal of Economics and Finance* Vol.1, 234-244

Shimizu, S. (1986) The Japanese Chart of Charts. Tokio: Tokyo Futures Trading Publishing Co.

Tharavanij, P., Siraprapasiri, V., & Rajchamaha, K. (2017). Profitability of Candlestick Charting Patterns in the Stock Exchange of Thailand. *Sage Open*, 7 (4).

Tharp, V.K. (2006). Trade Your Way to Financial Freedom (2nd. ed). New York: McGraw Hill

Thorb, E.O. (1984). The Mathematics of Gambling. Secaucus, NJ: Lyle Stuart

Thorb, E.O. (2006). The Kelly Criterion in Black Jack Sports Betting, and the Stock Market. *Handbook of Asset and Liability Management* Volume 1. 385 – 428.

West, M.D. (2000). Private Ordering at the World's First Futures Exchange. *Michigan Law Review* Vol. 98. 2574-2615

Wilder, J.W. (1978). New Concepts in Technical Trading Systems. Greensboro, NC: Trend Research

Stichwortverzeichnis

Abandoned Baby Pattern...84ff.
Abpraller.........................129, 134ff., 142ff., 152ff.
Advance Block Pattern...100
Average True Range...171

Bearische Kastenformation.....................................114
Bearish Abandoned Baby Pattern........................86f.
Bearish Belt Hold..56f.
Bearish Counterattack Pattern..............................68f.
Bearish Engulfing Pattern..........................39, 57, 60f.
Bearish Harami Pattern....................................72f., 117
Bearish Island Reversal..90f.
Belt Hold...54ff.
Breakout.............................147f., 150, 152, 154
Bulkowski, Thomas..123
Bullische Kastenformation....................................112
Bullish Abandoned Baby Pattern.........................84f.
Bullish Belt Hold...54f.
Bullish Counterattack Pattern..............................66f.
Bullish Engulfing Pattern..............37, 39, 55, 58f., 121, 135, 153, 164
Bullish Harami Pattern.....................................70f., 77
Bullish Island Reversal..88f.

CFD.........................47, 143, 186, 189f., 194, 203
CPR Formel..177, 194

Dark Cloud Cover..57, 64f.
Doji.....................12, 22ff., 43, 50, 72, 74f., 80, 82, 84ff.
Dojima..12
Dragonfly Doji...24
Durchbruch........................136, 147, 150ff., 155, 158

Engulfing Pattern................37, 39f., 55, 57ff., 117, 121, 135, 153, 164
Evening Doji Star...82, 87
Evening Star..81ff.

Falling Three Methods..106f.
Fortsetzungsformation..38
Frankenschock..185

Gap...27
Gravestone Doji..25
grüne Kerze...18

Hammer Formation............40, 42ff., 50, 52, 117f., 121, 135, 137, 140
Hanging Man...24, 39f., 51ff.
Harami Cross...73ff.
Harami Pattern.............................40, 70ff., 77, 117
High Price Gapping Play...108f.
High Wave Kerze..23
Homma, Munehisa...38

Inverse Umbrella...25
Inverted Hammer...39f., 50ff.
Island Reversal...88ff.

Kastenformation..112ff., 158
Kelly Formel 182
Knock Out Zertifikat...188
Koku...12
Kurslücke...27
Long Legged Doji...23
Low Price Gapping Play...110f.

Marubozu...21f.

Morning Doji Star...80
Morning Star...40, 80ff., 136
Morris, Gregory.............................38, 77, 123, 210

Nison, Steve...11, 39, 210

Optionsscheine...188

Piercing Pattern.............................55, 62f., 65, 135
Positionsgröße.............................161, 174, 176ff., 197ff.

Reisbörse...12
Reisschein...12
Rising Three Methods...102ff.
rote Kerze 18
Rücksetzer...150

Shaven Bottom...20
Shaven Head...20
Shimizu, Seiki...39
Shooting Star.............................40, 46ff., 117, 122, 166f., 209
Spinning Top...23
Stop Kauforder.............................45, 130, 138, 143, 205
Stop Order 120, 130, 138f., 141, 143, 171ff., 184, 190, 194, 198, 201, 205
Stop Verkaufsorder.......130f., 133, 138, 140f., 143, 154, 172f., 184, 205
Stundenchart...18, 192, 194

Tageschart...18, 193
Takuri...42
Three Black Crows Pattern...98f.
Three Inside Down Pattern...78f.
Three Inside Up Pattern...76f.
Three River Pattern...81
Three White Advancing Soldiers...96

Tower Bottom..92f., 136

Tower Top..94f.

Umbrella Lines..23ff.

Umkehrformation...38

Unterstützung..9, 125ff., 142ff., 146f., 157f.

Unterstützungslinie..126, 129ff., 147, 157f.

Verluststopp 138ff., 143, 153, 159, 161ff., 165, 167ff., 184f., 188, 191ff., 197f.

Widerstand..........................9, 25, 125ff., 142ff., 147, 149ff., 155, 157

Widerstandslinie.................................142, 147, 149ff., 155, 157

Wochenchart...18, 192f., 202

Würfel..179, 181ff.

Übersicht Candlestick Formationen

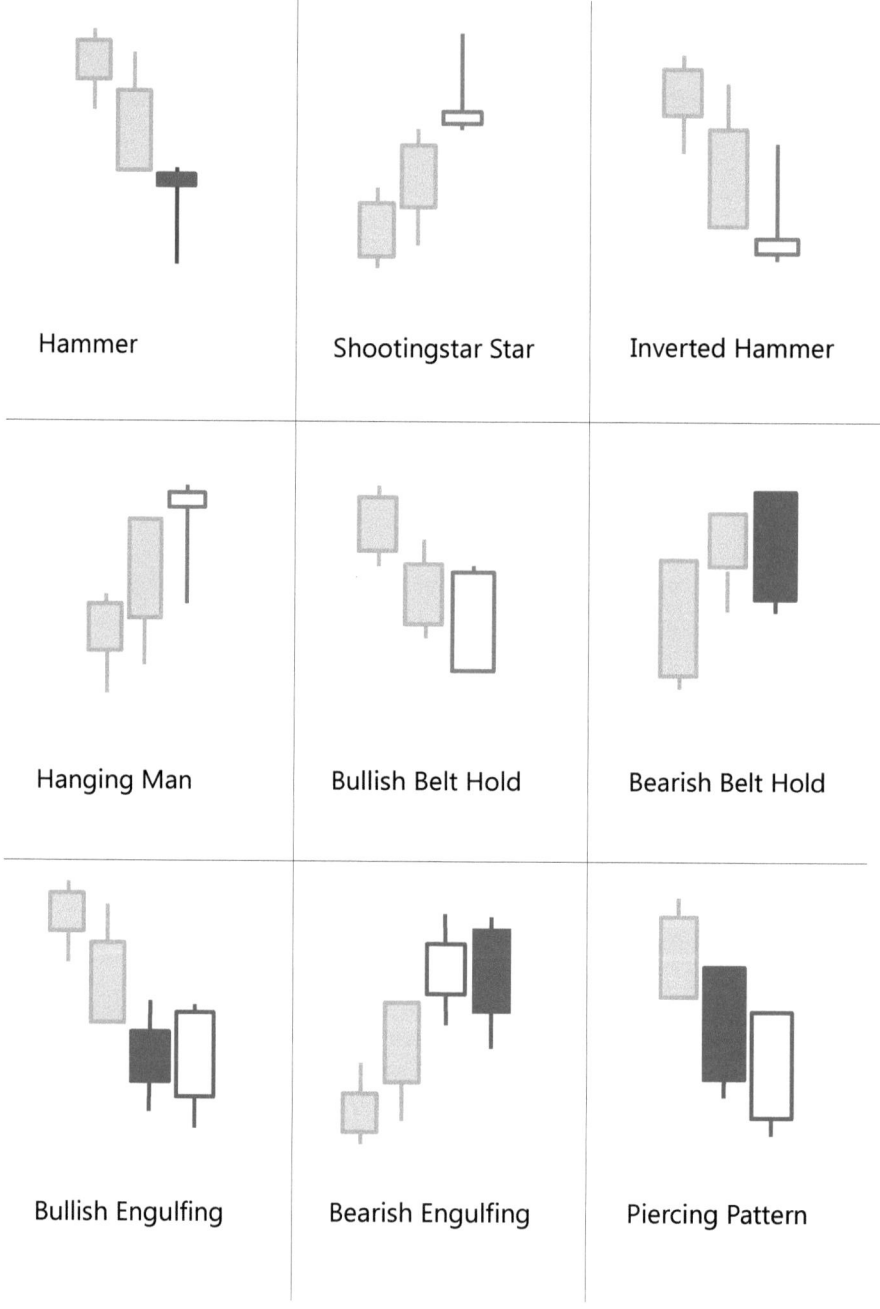

Hammer

Shootingstar Star

Inverted Hammer

Hanging Man

Bullish Belt Hold

Bearish Belt Hold

Bullish Engulfing

Bearish Engulfing

Piercing Pattern

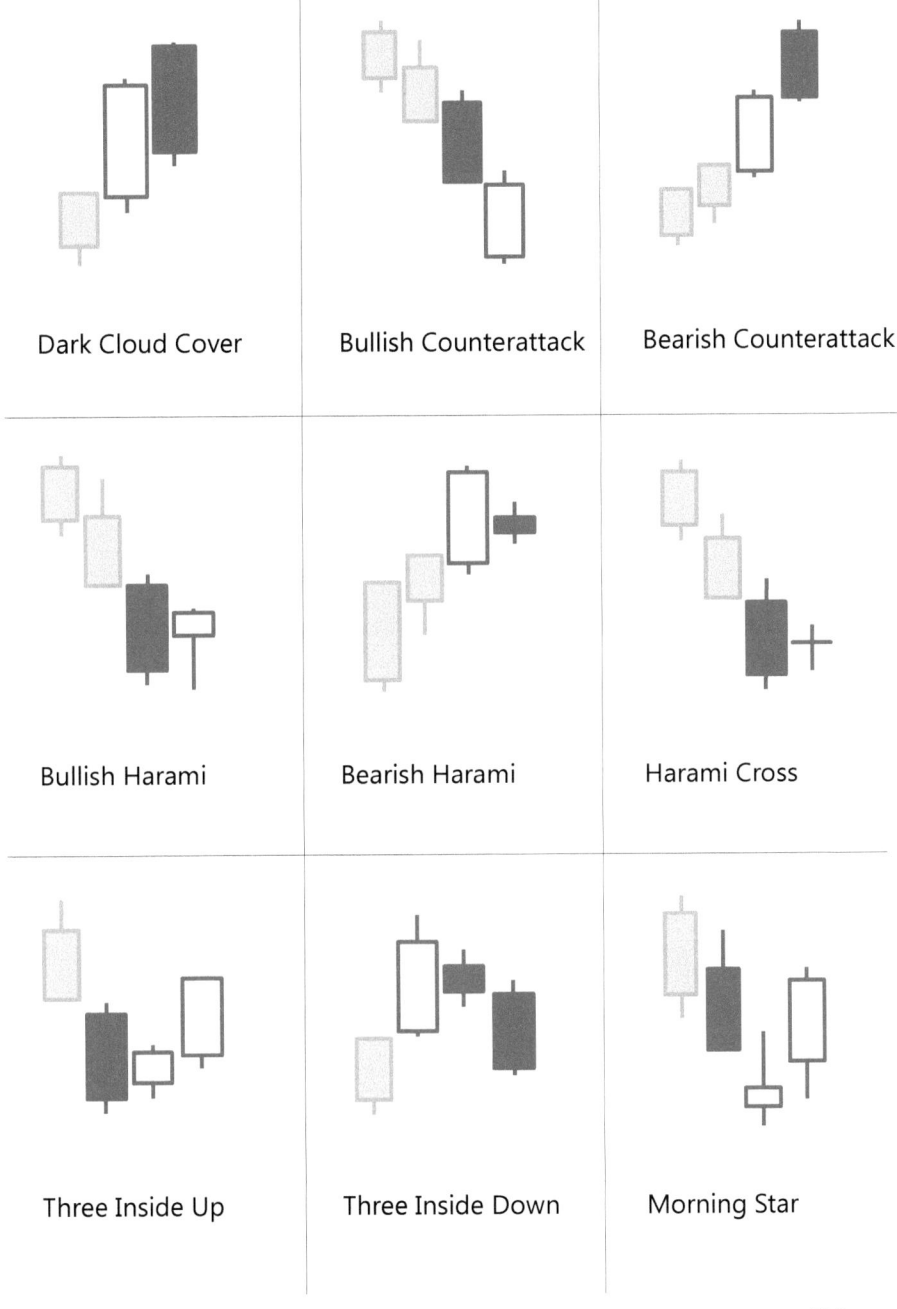

Dark Cloud Cover	Bullish Counterattack	Bearish Counterattack
Bullish Harami	Bearish Harami	Harami Cross
Three Inside Up	Three Inside Down	Morning Star

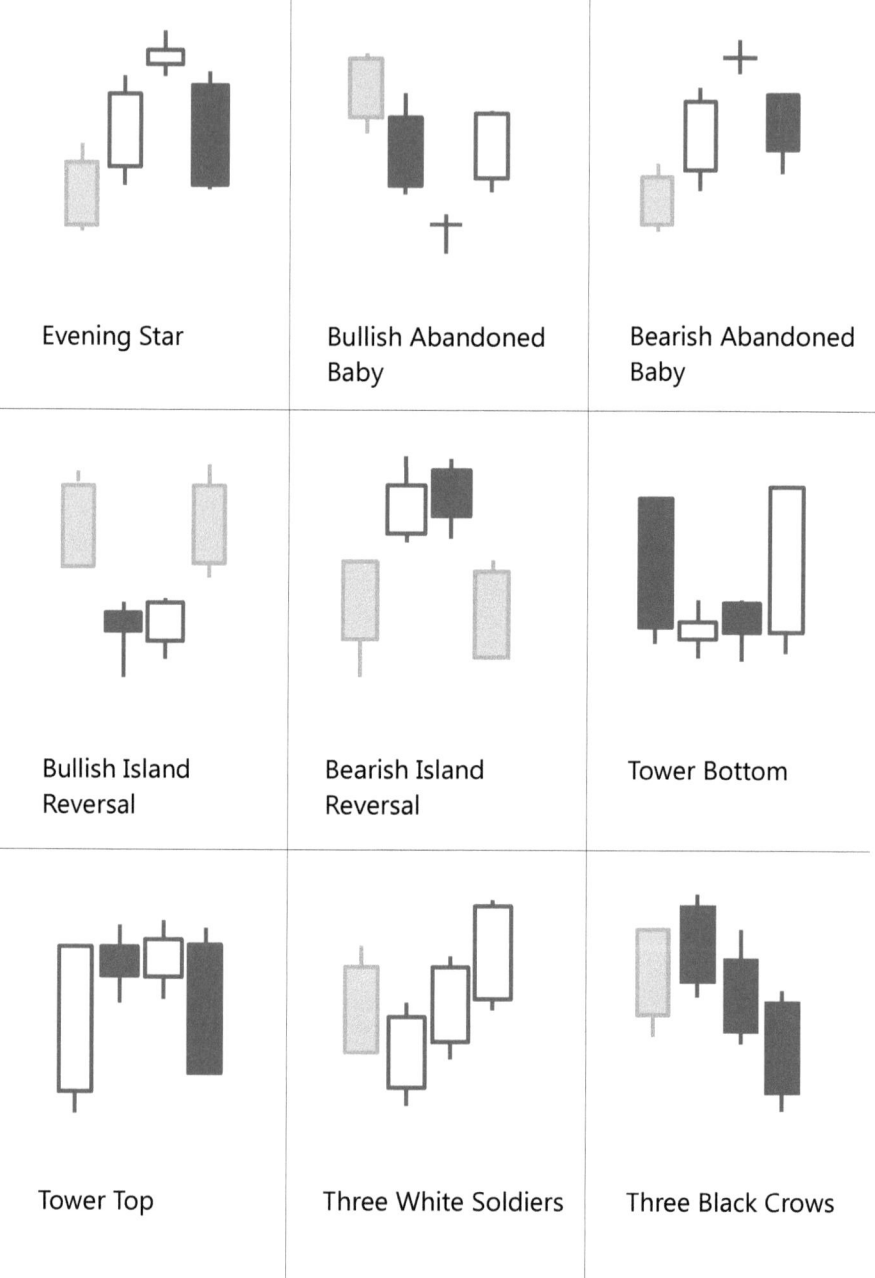

Evening Star	Bullish Abandoned Baby	Bearish Abandoned Baby
Bullish Island Reversal	Bearish Island Reversal	Tower Bottom
Tower Top	Three White Soldiers	Three Black Crows

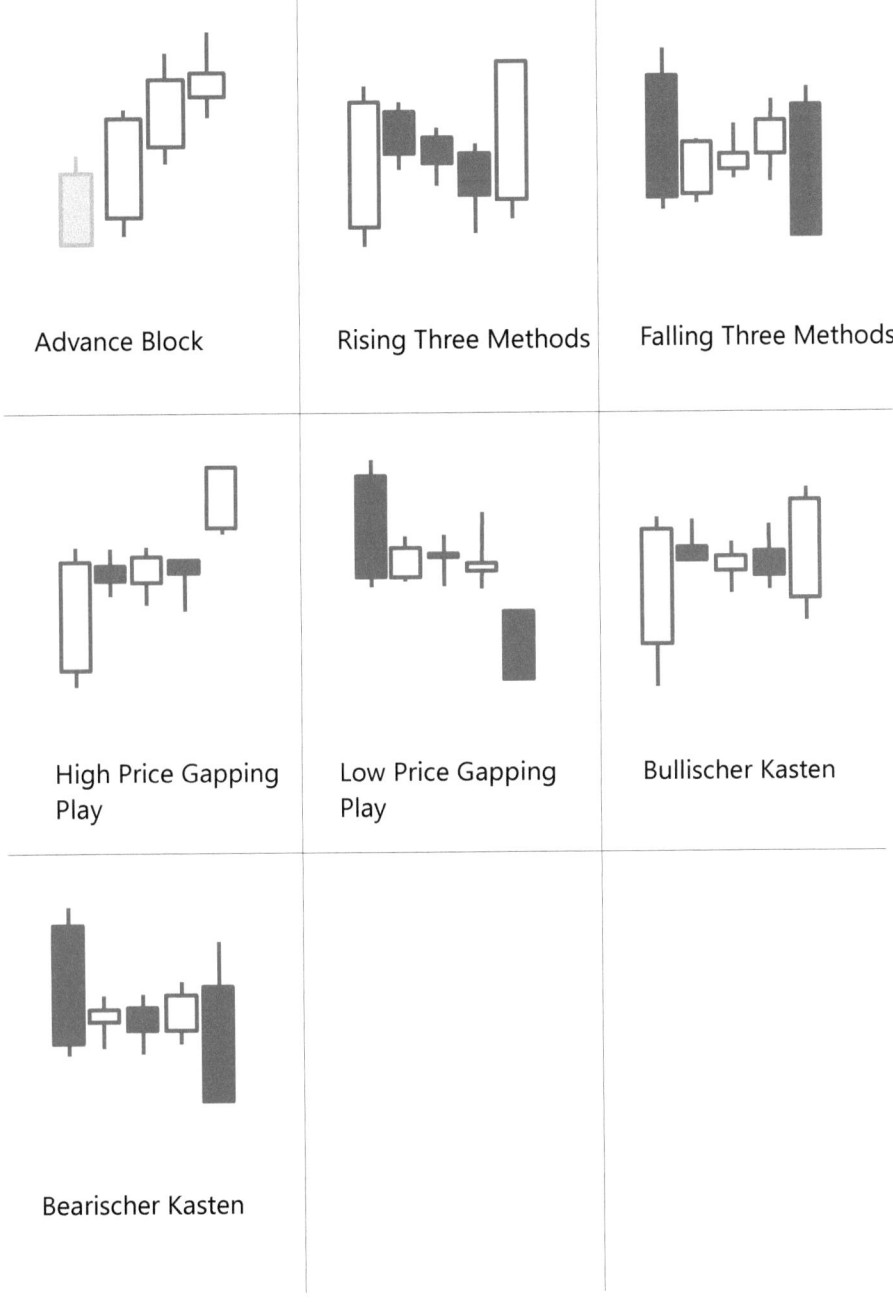

Advance Block

Rising Three Methods

Falling Three Methods

High Price Gapping Play

Low Price Gapping Play

Bullischer Kasten

Bearischer Kasten

Über den Autor

Lars Burmeister arbeitete nach seinem Studium der Betriebswirtschaftslehre für mehr als 15 Jahre sowohl als angestellter als auch als selbstständiger Trader.

Daneben betreibt er die Website Tradistats.com, die sich mit Trading Strategien und der Analyse von Charts befasst.